지속 가능한 복지국가 전략

스마트 복지

지속 가능한 복지국가 전략

스마트 복지

서상목 · 김수완 · 박영란 · 황원규 지음

이담북스

| 목차 |

머리말

'성장'과 '분배' 또는 '효율'과 '형평'은 모든 정책전문가들이 달성하고 싶은 목표일 것이다. 그러나 이를 동시에 달성하는 것은 매우 어렵기 때문에 때로는 이 중 하나를 선택하기도 한다. '한강의 기적'의 주인공인 박정희 대통령은 '선(先) 성장, 후(後) 분배' 원칙을 선언하면서, 경제성장을 먼저 이룩하여 파이를 우선 키우고 이를 어떻게 나눌 것인지는 나중에 걱정하자고 했다. 박정희 대통령은 내수시장이 협소한 우리나라 상황에서 고도성장을 달성하려면 수출산업을 적극 육성해야 한다는 외국 경제전문가들의 조언을 받아들였다. 그래서 환율 등 경제인센티브 체계를 수출을 촉진하는 방향으로 전면 개편함은 물론, 수출진흥확대회의 주재 등을 통해 수출 전선에서 수고하는 기업인들을 직접 격려했다. 그 결과는 실로 놀라운 것으로, 1960년대 우리나라의 수출은 연 40%씩 성장했고, 경제성장률 역시 10%대에 이르게 되었다. 이른바 '한강의 기적'이 시작된 것이다.

당시 스탠포드 대학원에서 경제학 박사학위 논문을 준비 중이었던 나는 이러한 고도성장 과정에서 소득분배는 과연 어떻게 변했는지 분석해 보고 싶었다. 그래서 지도교수의 재정지원으로 자료수집을 위해 1972년 여름 한국을 방문하였고, 당시 통계국장으로 재직 중인 선배의 도움을 받아 소득분배 분석에 필요한 도시 및 농촌 가계조사 자료를 입수하였다. 자료를 분석하고 놀란 것은 1962~1971년의 고도성장 기간 중 농촌지역에서는 소득분배에 큰 변화가 없었으나, 도시지역에서 분배가 크게 개선되었다는 사실이었다. 농가의 소득분배는 경작지 크기에 비례하기 때문에 이 기간 중 농가의 소득분배에 큰 변동이 없었다는 것은 당연한 결과이나, 수출 확대로 소득수준 향상의 폭이 매우 컸던 도시지역에서 분배가 개선된 것은 실로 놀라운 일이 아닐 수 없다. 이는 "경제발전 초기에는 분배가 나빠지다가 국민소득이 어느 정도 수준을 지나면 다시 개선된다"라는 당시 경제학계를 대표하는 이른바 '쿠즈넷 가설'[1]에 정면으로 대치되는 결과였기 때문이었다.

쿠즈넷 교수는 주로 수입대체산업 육성정책을 펼친 남미국가들의 자료를 기반으로 경제발전 초기에는 분배가 나빠진다는 결론을 도출했으나, 1960년대 한국의 수출산업은 노동집약적인 분야가 대종을 이루었기 때문에 수출 신장이 고용기회의 확대와 실질임금의 상승으로 이어져 고도성장 과정에서 분배가 크게 개선되는 이변을 낳게 된 것이다. 이에 더해, 쿠즈넷 교수는 분배가 악화되어도 고소득층이 저축을 더 많이 하기 때문에 경제성장에는 도움이 될 수 있다는 주장도 하였으나, 나는 이러한 가설 역시 한국 1960년대 실제상황과 다르다는 사실을 실증적 분석을 통해 입증하였다. 한국에서는 한계저축성향이 고소득층보다는 오히려 저소득층이 더 높다는 것이 나의 실증적 분석의 결과였기 때문이다.

이러한 경험을 통해 1960년대 한국과 같이 정책을 잘 구사하면 성장과 분배 또는 효율과 형평 모두를 달성할 수 있는 반면, 남미와 같이 정책을 잘못

---

1 Simon Kuznets(1963), "Economic Growth and Income Inequality", American Economic Review, 45:1, March

선택하면 성장과 분배 모두를 잃을 수 있다는 생각을 나는 갖게 되었다. 박사학위를 마치고 세계은행에서 5년간 근무하면서, 인도, 파키스탄, 방글라데시, 스리랑카 등 독립 후 사회주의적 경제정책을 펼치면서 저성장과 저복지의 악순환에서 벗어나지 못하고 있는 남아시아 국가들을 지켜보면서, 한국과 같이 수출산업을 육성해 성장과 분배라는 두 개의 정책목표를 모두 달성하면 좋겠다는 정책건의를 하였다. 그러나 실제로 이러한 정책건의를 이들 국가의 경제정책으로 관철시키기에는 역부족이었다. 다행히 인도와 방글라데시가 1990년대 한국식 대외지향적 정책을 구사하여 나름 큰 성과를 거두었다는 사실은 나름 의미 있는 사례라고 생각한다.

나는 세계은행 근무를 마치고 1978년 귀국해 한국개발연구원(KDI)에서 10년간 근무하게 되었다. 당시 우리나라는 몇 차례의 성공적 경제개발계획 추진의 성과를 바탕으로 경제개발과 사회개발을 동시에 아우르는 '경제 · 사회개발 5개년계획'을 추진하는 단계에 이르게 되었다. 이를 위해 정부는 경제기획원에 '사회개발과'를 그리고 KDI에 '사회개발부'를 만들어 운영하였는데, 나는 박사학위논문을 소득분배에 관해 썼다는 이유로 신설된 사회개발부로 발령을 받았다. KDI에서 나의 첫 번째 연구과제는 '빈곤 문제'였다. 나는 이미 추계한 소득분배 자료를 활용하여 절대빈곤과 상대빈곤의 수준과 추이를 분석했다. 그리고 1981년에는 전두환 정부의 요청으로 우리나라에서는 최초로 '빈곤실태조사'를 실시하였고, 이를 바탕으로 '영세민 종합대책'을 수립하여 정부 정책에 반영시켰다. 이런 사연으로 인해 당시 친구들이 나에게 지어준 별명은 '거지 대장'이었다.

1984년 초 내가 KDI 부원장으로 임명되면서 전두환 대통령 면담 자리에서 국민연금 실시를 건의하였으나, 그 자리에서 거절당했다. 그러나 이에 굴하지 않고 연구팀을 구성하여 국민연금 실시를 위한 구체적 안을 만들었고, 이를 1986년 김만제 경제부총리의 도움으로 대통령 결재를 받아 1988년부터 국민연금이 실시되었다. 국민연금과 같은 중차대한 정책을 설계하고 추진하는 과정에서 주도적 역할을 하게 된 것은 정책전문가로서는 큰 보람이 아닐 수 없다. 그러나 사회복지정책을 연구하면서 항상 아쉽게 생각한 점은 복지정책이 실효를 거두기 위해서는 이를 복지수혜자에서 맞춤형으로 그리고 통합적으로 집행할 수 있는 효율적인 사회복지 전달체계가 확립되어 있지 않다는 사실이었다. 1981년 영세민대책 수립과정에서 전국적으로 '사회복지사무소' 체계의 구축을 제안했으나, 당시 '작은 정부'를 표방하는 전두환 정부는 이를 받아들이지 않았다. 그러나 나와 연구진의 끈질긴 노력으로 1989년 읍면동 사무소에 사회복지 전문요원을 배치하는 정책이 절충안으로 채택된 것은 나름 큰 성과였다고 생각된다.

나는 경제전문가로서의 전문성을 살려 언제나 정통 경제정책 분야에서 공직자로 활동하기를 바랐으나, 실제로는 경제정책 분야보다는 사회복지정책 분야에서 공직을 맡는 경우가 많았다. 1988~2000년 기간의 국회의원 활동은 주로 경제 분야에서 하였으나, 장관직은 재무부나 경제기획원이 아니라 보건복지부에서 맡았다. 정계를 은퇴한 후에도, 4년간 경기복지재단 이사장직을 맡았고, 6년간 한국사회복지협의회장직을 그리고 지금은 4년간 국제사회복지협의회장직을 맡고 있다.

경제전문가가 사회복지 분야에서 공직을 맡게 되면서, 나는 내가 해야 할 일이 사회복지를 경제 분야와 연결시키는 것이라는 생각을 하게 되었다. 그래서 경기복지재단 이사장 시절인 2010년에는 경기도 내 복지정책 담당자와 복지시설 최고경영자를 대상으로 '복지경영 CEO 과정'을 만들어 운영하였다. 이를 계기로 '복지경영'이라는 단어가 우리나라에서 처음으로 사용되었고, 지금은 20여 개 대학에서 '복지경영학과'가 운영되고 있고 '복지경영학회'도 결성되어 활발히 활동하고 있다. 그리고 복지와 경제는 동전의 양면이라는 인식을 바탕으로 2013년에는 복지와 경제의 융합을 의미하는 《웰페어노믹스(Welfarenomics)》라는 책을 집필하여 복지와 경제가 선순환을 이룰 수 있는 새로운 패러다임을 만들려고 노력하였다.

국제무대에서는 1990년대를 전환점으로 국가운용 패러다임이 경제성장 위주에서 '지속가능발전(Sustainable Development)'으로 전환되었다. 1992년 브라질 리오데자네이루에서 열린 UN세계환경대회의 주제로 부각된 '지속가능발전'은 환경 분야를 넘어 경제 분야에서는 '포용적 성장(Inclusive Growth)'으로 그리고 경영 분야에서는 'ESG 경영'이라는 이름으로 그 범위를 넓혀가고 있다. 그리고 이제는 지속가능발전 개념이 복지 분야로도 확대되고 있다. 이런 상황에서 나와 이 책의 저자들은 '지속가능한 복지'의 상징으로 '스마트복지' 개념을 개발 · 확산시킬 목적으로 이 책을 집필하게 되었다. 스마트복지는 한마디로 복지도 스마트하게 해야 한다는 주장으로, 복지의 효율성과 효과성을 강조하는 개념이라고 할 수 있다.

제1장 '스마트복지: What, Why & How?'는 스마트복지의 개념을 소개하고, 왜 지금 시점에서 스마트복지 개념이 중요한지 그리고 스마트복지 개념을 어떻게 구현시킬 수 있는지에 대해 논하고 있다. 사회복지 개념은 시대 상황에 따라 그 의미가 달라진다는 역사적 사실을 지적하면서, 제1장은 스마트

복지의 개념을 크게 세 가지 차원에서 정의하고 있다. 그 첫 번째는 사회복지 분야에서 ICT 기술을 활용하여 수요자와 공급자 모두에게 '언제 어디든' 사회서비스를 이용할 수 있는 편의성과 효율성을 제공하는 것을 의미한다. 이는 덴마크, 핀란드 등 북유럽국가에서 처음으로 시도한 '디지털 복지' 개념을 의미한다. 스마트복지의 두 번째 의미는 사회복지 분야에서 새로운 도전에 대한 창의적이고 효과적인 해법을 개발하는 '혁신적 복지'를 상징한다. 혁신적 복지는 디지털 복지에 추가하여 시민들의 복지 문제에 체계적이고 창의적으로 대처하기 위해 시민들의 참여를 확대하여 자율적 복지체계를 구성하는 것을 포함하기 때문에 디지털 복지보다 더 포괄적인 개념이다. 그리고 스마트복지의 세 번째 의미는 현재 세대의 복지 수요만 해결하는 것이 아니라, 미래 세대에게도 지속적으로 제공하는 복지를 의미하기 때문에 앞의 두 의미를 모두 포함하는 가장 넓은 개념이라고 할 수 있다.

제1장은 스마트복지의 중요성이 새삼 강조되는 이유로 다음 다섯 가지를 지적한다. 첫째, 경제가 발전하고 소득수준이 높아지고 복지지출이 크게 확대되면서 효율성은 점차 낮아지는 이른바 '한계효용체감의 법칙(Principle of Diminishing Marginal Utility)'이 나타날 가능성이 높아진다는 것이다. 따라서 복지사업의 효율성에 각별한 신경을 쓰지 않으면, 복지 부문의 비효율성이 경제 전체의 역동성에 부정적 결과를 초래할 수 있다는 사실을 지적한다. 두 번째 이유는 러시아의 우크라이나 침공, 중동사태, 미 · 중 간 신냉전체제 등 작금의 국제정세가 경제발전에 우호적이지 않기 때문에 복지 분야의 효율성 제고는 '지속가능한 복지국가 구현'의 필수요인이 되고 있다는 사실을 지적하고 있다. 세 번째 이유는 특히 우리나라의 경우 고령화가 급속히 진전되면서 출산율 역시 세계 최저 수준을 유지하고 있기 때문에, 복지 부문의 효율성 제

고는 급격히 늘어나는 복지 수요를 감당하기 위해 반드시 필요해진다. 네 번째 이유는 최근 AI 분야의 급성장으로 ICT 혁명이 새로운 도약의 단계로 진입하는 상황에서 사회복지 분야에서 ICT 기술을 활용해 복지 분야 효율성을 높일 수 있는 방법이 많아지고 있다는 사실이다. ICT 분야에서 우리나라의 국제경쟁력을 감안할 때, 스마트복지는 한국이 국제사회에서 경쟁력을 갖춘 수출산업으로 발전할 수 있음을 지적한다. 다섯 번째 이유는 2010년 이후 '복지포퓰리즘'이 선거 때마다 부상하고 있는 상황에서 정책전문가와 국민들의 관심을 단기인기영합적 대책보다는 복지 부문의 효율성과 효과성을 제고하는 방향의 '스마트복지' 개념의 도입이야말로 지속가능한 복지국가를 담보할 수 있는 건설적 담론이 될 수 있을 것이다.

제1장은 스마트복지의 구현을 위해 다음의 다섯 가지 방안을 제시하고 있다. 첫째, 디지털 복지를 '디지털 플랫폼 정부' 만들기의 핵심 요소로 채택하여 이를 집행한다. 둘째, '일자리 복지(Workfare)'를 구현할 수 있는 다양한 사업을 개발 · 집행함으로써 복지와 일자리의 선순환 구조를 완성한다. 셋째, 기존의 사회복지 전달체계를 공급자 중심에서 수요자 중심으로 개편하고 각종 복지 및 의료 서비스를 수요자 중심으로 통합하여 제공한다. 넷째, CSR 그리고 ESG의 세계적 추세를 적극 활용하여 사회복지 부문에서 기업과 민간의 역할 제고를 통해 혁신복지 생태계를 조성한다. 다섯째, 기부 및 자원봉사 활동의 활성화를 통해 '나눔 행복, 행복 한국'의 사회 분위기를 조성한다. 끝으로, 제1장은 스마트복지 사업을 개발하고 이를 국제적으로 확산하기 위해 '국제스마트복지센터(GSWC)' 설립 · 추진과 더불어, 이 과정에서 우리나라가 주도적 역할을 담당할 것을 건의하고 있다.

제2장 '디지털 복지국가: 우리나라의 실험과 개도국에의 시사점'은 디지털 복지국가로서의 한국 현황을 소개하고, 지속적 발전을 위한 과제 도출과 더불어 개도국에의 시사점을 모색하고 있다. 제2장은 복지 분야에서 기술의 역할이 거시적 관점에서 복지-성장의 선순환 고리가 될 수 있고, 미시적 관점에서는 서비스의 질을 개선하여 복지 부문의 효율성 증대에 기여할 수 있음을 강조하면서, 디지털 복지국가의 국내외 현황을 분석하고 있다. 우선 한국은 전자정부 발전지수 평가에서 2010년부터 7회 연속으로 3위 이내의 순위를 기록한 유일한 국가이기 때문에 한국이 비록 복지 후발국임에도 불구하고 디지털 복지 분야에서는 국제적으로 선도국이 될 수 있음을 강조하고 있다. 그 사례로 2010년 개통된 '행복e음(사회복지통합관리망)'과 2013년 범부처 복지사업을 통합한 '사회보장정보시스템'을 지적하면서, 활용 현황과 개선방안을 제시하고 있다. 특히, 제2장은 각종 공공 빅데이터를 활용하여 위기가구를 사전에 발굴할 수 있는 시스템 구축 현황과 개선방안을 자세히 분석하고 있다.

또한 제2장은 기술 기반 돌봄서비스 동향에 대한 분석을 바탕으로 개선방안도 제안하고 있다. 우선 정부주도적 민관협력 사례인 응급안전안심서비스는 독거노인과 장애인 가정에 화재가스센서 및 활동 감지기를 설치하여 응급상황을 알리고 119에 신고하는 체계를 구축하는 사업이다. 이 사업은 독고노인 돌봄이라는 사회문제에 대한 기술기반 해결책을 제시한다는 측면에서 큰 의의가 있으나, 기존의 관료제적 공공서비스 체계에는 변혁적 변화를 유발하지 못했다는 점을 지적하고 있다. 반면, AI 스피커 돌봄서비스 사업은 민간주도형 복지기술 사업이라고 할 수 있다. 이 사업의 특징은 기업과 지자체가 상당히 동등한 관계에서 민관협력이 이루어지는 것인데, 점차 다음의 두 가지 방향으로 발전하게 되었다; 첫 번째는 중앙정부의 지원이 결합되어 전국적인 기술결합형 복지서비스로 확산되었고, 두 번째는 경제력이 있는 일반 노인을 대상으로 한 유료 시장의 확대다. 앞으로 기존 사업에 대한 보다 객관적 분석을 바탕으로 사업의 향후 발전방안이 추진되어야 할 것이다.

또한 제2장은 한국의 경험이 다른 개도국에게 주는 시사점에 대해 논의하고 있다. 특히 디지털 복지국가와 관련하여 제2장은 데이터 이용의 패러다임 변화와 데이터를 중심으로 한 민관협력에서의 변화를 다루고 있다. 여기에서 중요한 것은 다음과 같은 '마이데이터 원칙'이다: (1) 데이터 권한; 개인이 개인데이터의 접근, 이동, 활용 등에 대한 통제권 및 결정권을 가져야 한다, (2) 데이터 제공; 개인데이터를 보유한 기관은 개인이 요구할 때, 개인데이터를 안전한 환경에서 쉽게 접근하여 이용할 수 있는 형식으로 제공해야 한다, (3) 데이터 활용; 개인의 요청 및 승인 또는 동의에 의한 데이터의 자유로운 이동과 제3자 접근이 가능하여야 하며 그 활용 결과를 개인이 투명하게 알 수 있어야 한다. '디지털 복지' 선진국인 덴마크, 핀란드 등 북유럽국가들은 마이데이터 원칙을 보장하는 입법을 기반으로 디지털 복지를 추진하였고, 그 혜택이 수요자 중심 통합 서비스라는 형태로 제공되기 때문에 국민적 편익 제고와 개인정보 활용에 대한 거부반응을 동시에 최소화할 수 있었다는 사실은 우리에게도 시사하는 바가 크다고 하겠다.

제3장 '스마트복지 서비스 동향: 노인복지 현장 사례를 중심으로'는 사회복지 분야에서 디지털 전환이 가장 활발히 이루어지고 있는 노인복지 현장에서 '디지털 복지'의 실천사례를 분석하고 있다. 북유럽국가들의 사례를 살펴보면 디지털 기술의 활용은 의료부문에서 가장 먼저 도입되었고, 다음이 교육 부문이었으며, 복지서비스 분야는 상대적으로 늦게 디지털 전환이 시작되

었다. 그러나 코로나19 사태로 복지시설 이용자가 급감하고, 생활시설 면회가 어렵게 되면서 복지서비스 분야에서 디지털 기술 활용의 필요성은 급증하게 되었다. 이러한 새로운 시대적 상황에 부응하기 위해 정부는 고령친화산업과 연계하여 돌봄로봇 등 복지기술 R&D를 강화하고, 복지관, 요양시설 등을 리빙랩으로 지정하는 정책을 적극적으로 추진하기 시작하였다.

제3장은 노인복지서비스 분야에서 복지기술이 적용되는 대표적 사례로 (1) 스마트 노인복지관, (2) 스마트 독거노인 돌봄서비스, (3) 스마트 요양원, (4) 스마트 경로당 등을 지적하고 있다. 특히 노인복지관에서는 최근 다양한 디지털 기기를 접목한 복합공간을 조성하여 노인복지관 이용자들의 디지털 격차 문제 해소를 위한 다양한 프로그램을 제공하고 있다. 스마트 독거노인 돌봄서비스의 경우, 전국 128개 시군구에서 약 30만 명의 독거노인의 안전 확인을 위해 인공지능 안부 전화 서비스가 제공되고 있다. 또한 최근에는 독거노인을 대상으로 인간과 상호작용하여 사회적 기능을 수행하는 '반려로봇' 보급 사업도 확대되고 있다. 한국지능정보사회진흥원(NIA)은 2018년 부산에서 한국 최초의 스마트 요양원 모델 개발 사업을 추진하였다. 이에 더해, 과학기술정보통신부와 한국지능정보사회진흥원은 2021년부터 스마트 경로당 사업을 시작하였다. 이 사업의 목적은 기존 경로당에 실시간 영상통신 솔루션을 설치하여 노인종합복지관 같은 다양한 프로그램을 다수의 경로당에 제공하는 것이다. 현재 스마트 경로당은 전국에 약 2,000개가 조성되어 있다.

노인복지 현장에서의 괄목할 만한 변화에도 불구하고 스마트복지는 스마트 헬스케어, 스마트 공장, 스마트 도시 등 다른 분야에 비교하면 아직도 발전이 더딘 분야인 것이 사실이다. 이를 근본적으로 개선하기 위해 제3장은 다음과 같은 정책건의를 하고 있다. 첫째, 범정부 차원의 스마트복지에 대한 종합대책을 수립해야 한다. 여기에는 스마트복지와 사회복지서비스 전달체계의 디지털 전환에 관한 비전과 구체적 실천계획이 포함되어야 할 것이다. 특히 이 계획에는 복지기술 활용 가능성이 가장 높은 노인복지 분야에 대한 적극적인 발전계획 수립과 더불어 구체적 예산 확보 방안이 마련되어야 할 것이다. 둘째, 스마트복지 시대에 걸맞는 노인복지시설 운영 가이드라인과 평가지표의 개선이 필요하다. 스마트복지는 디지털 데이터에 기반하기 때문에 복지 분야에서도 의료분야의 개인건강기록 같은 표준서비스 이용자 데이터 관리시스템이 구축되어야 할 것이다. 셋째, 디지털 전환 역량을 갖춘 전문인력 양성과 서비스 이용자의 디지털 문해력 향상이 필요하다. 이를 위해서는 사회복지 전문인력 양성과정에 디지털 역량 부문이 대폭 강화되어야 할 것이다. 이와 더불어, 사회서비스 이용자들의 디지털 문해교육 인프라 구축도 시급한 과제다.

제4장 '국제개발협력과 국제사회복지의 공진화: 한국의 ODA와 스마트복지'는 지난 80여 년 동안 국제개발협력을 위한 범세계적인 노력이 각 분야에서 이루어졌음에도 불구하고, 아직도 현장에서의 사회복지 전달체계가 충분히 구축되지 못하여 많은 낭비가 초래되고 있음을 지적하고 있다. 이는 지금까지도 UN 산하에 국제사회복지에 특화된 전문기관이 설립되어 있지 않다는 사실로도 잘 알 수 있다.

제4장은 2차 세계대전 이후 국제개발협력 추진체계의 탄생과 지금까지의 발전과정은 물론 그동안의 성과를 분석하고, 글로벌 복합위기 상황에서 새롭게 대두될 과제를 제시하고 있다. 특히, 새로운 불평등의 시대를 맞아 UN의

새천년개발목표(MDGs)와 지속가능발전목표(SDGs)에 대해 첫째, '너무나 많은(Too Many)' 논의와 회의가 무성하고, 둘째, '너무나 넓은(Too Broad)' 주제들이 다루어지고 있으며, 셋째, '너무나 의욕적(Too Ambitious)'인 목표들이 제시되고 있다는 문제점을 지석하고 있다. 제4장은 수많은 국제회의를 통해 발굴된 개발의제를 실현하기 위해서는 천문학적인 재원이 필요하나, 이는 현재 선진국들이 제공하는 공적개발원조(ODA) 수준을 수십 배 능가함을 지적하고 있다. 또한, 국제사회는 거대 담론을 발굴하는 데에는 많은 노력을 경주하는 반면, 이를 실현시킬 세부실행계획을 수립하는 데는 상대적으로 소홀했다는 점도 아울러 지적하고 있다. 이런 차원에서 제4장은 2023년 'UN 개발협력포럼(Development Cooperation Forum: DCF)'이 향후 국제사회개발협력의 중심의제로 국제사회복지의 역할을 제시하고 있음을 지적하고 있다. 특히, 제4장은 코로나19 사태 이후 사회복지 분야에서 국제적으로 부상하고 있는 취약계층의 보호, 복합위기 관리, 사회보장 및 사회안전 시스템 구축, 디지털 기술의 확산과 기술격차 해소 등의 문제에 국제사회가 보다 많은 관심을 가져야 한다는 점을 강조하고 있다.

이에 더해, 제4장은 한국의 공적개발원조(ODA) 현황과 성장 과정을 분석하면서 향후 전략으로 대표 브랜드 중심의 '선택과 집중 전략'을 추진할 것을 제안하고 있다. 한국 개발협력의 대표 브랜드는 발전 시기에 따라 진화하였는데, 1960년대는 수출진흥 및 가족계획사업, 1970년대는 산업정책 및 새마을운동, 1980년대는 안정화 정책과 건강보험, 1990년대는 경제위기 극복과 국민연금, 그리고 2000년대는 IT산업 육성과 전자정부 및 스마트복지로 제안하고 있다. 특히 스마트복지는 한국의 강점인 ICT 기술을 활용하여 국제사회의 최대 현안인 불평등 문제를 동시에 해소할 수 있다는 차원에서 그 의

의가 크다고 할 수 있다. 끝으로 제4장은 한국 ODA의 대표 브랜드로서의 스마트복지를 콘텐츠, 수월성, 기술력, 필요성, 현지성, 경쟁구도, 파트너십 등의 기준으로 평가해볼 때 타당성과 성공가능성이 상당히 높다는 사실을 지적하고 있다. 이를 뒷받침하기 위해 제4장은 국내에 스마트복지 개발협력 전담기관을 설립 · 육성하고, 상설 국제기구로 'UN Social Welfare'의 설립을 제안하며 그 본부를 한국에 유치할 것을 건의하고 있다. 또한 이를 위한 사전 정지작업으로 가칭 'Global Smart Welfare Forum'을 연례 행사로 국내에서 개최할 것도 제안하고 있다.

2025년 1월

저자 대표
서상목

제 1 장

스마트복지: What, Why & How?

서상목 *

* 국제사회복지협의회(ICSW) 회장, 강남대학교 석좌교수, 지속가능발전원(SDI) 이사장

Ⅰ. 들어가면서: 사회복지의 진화와 스마트복지

사회복지는 인류 역사와 함께 진화해 왔다고 할 수 있다. 그리고 사회복지의 내용 역시 당시 시대 상황에 따라 크게 다른 형태로 나타났다. 농업혁명이 시작되기 이전인 수렵시대에는 인류가 가족공동체 형태로 사냥터를 찾아 이리저리 이동하면서 살았기 때문에, 엄밀한 의미의 사회복지는 존재하지 않았다. 그러나 농업혁명이 시작되면서, 인류는 한곳에 정착해 농사를 짓고 가축을 기르게 되었다. 그 결과 인구가 급격히 증가하였고, 도시와 국가가 형성되기 시작했다. 그러나 1만 년 이상 지속된 농업시대는 핵심 생산수단인 농지를 차지하기 위한 전쟁이 빈번히 발생하였고 전쟁에서 진 부족은 노예로 전락했다. 정치사회구조 역시 철저한 계급사회 형태를 유지함으로써 왕과 귀족으로 구성된 지배계급이 대부분의 농지를 소유했고, 잉여농산물은 농지를 소유한 지배계급의 몫이 되었다. 반면, 생산의 주체인 농민에게는 생산물의 일부만 주어짐으로써 이들 대다수는 빈곤의 악순환에서 벗어나지 못하였다. 이런 상황에서 자연재해가 발생해 농사가 어려워지면 많은 빈민이 생겼는데, 이 시절의 사회복지는 이러한 빈민들에 대한 구휼사업이 대종을 이루었다.

서구의 사회복지정책 역사는 1601년에 체계화된 영국의 구빈법을 국가가 처음으로 빈민구제를 제도화했다는 차원에서 복지정책의 시작으로 삼는다.

그러나 그 내용을 살펴보면 구빈법이 현대 사회복지의 효시라고 할 수 없음을 잘 알 수 있다. 구빈법은 빈민을 노동능력이 있는 실업자, 갱생 불능의 나태한 자, 그리고 생활무능력자의 세 가지 형태로 구분하면서 노동능력이 있는 빈민은 작업장에서의 노동을 강제하고, 이를 거부하는 자는 투옥하였으며, 빈곤아동은 강제적으로 도제(apprentice)로 보내는 등의 강압적 내용이 주를 이루었기 때문이다.

따라서 영국에서 현대적 의미의 사회복지 시작은 1860년대 전개된 민간봉사자 차원의 자선조직협회(COS: Charity Organization Society) 활동과 1870년대 진보성향 인사들이 주도한 인보운동(Settlement Movement)이라고 할 수 있다. 1차 산업혁명의 선두주자였던 영국이 18세기 중엽에 이르러 미국, 독일 등 후발공업국과의 경쟁에서 밀리는 상황이 전개되었고, 그 결과 런던, 요크 등 대도시에서의 실업자 급증이 사회문제로 부각되었다. 이 과정에서 기업가 출신인 찰스 부스(Charles Booth)와 시봄 라운트리(Seebohm Rowntree) 등이 사재를 털어 빈곤조사를 실시하였고, 이를 계기로 빈곤 문제의 심각성은 물론 빈곤의 책임이 나태 등 개인적 원인보다는 실업, 질병 등 사회적 요인이 더 크다는 사실이 밝혀졌다. 이로 인해 빈곤 문제의 해결이 정부와 사회 전체의 책무임이 분명해짐으로써, 사회복지는 새로운 국면에 접어들게 되었다.

민간 차원의 현대적 사회복지가 영국에서 시작된 반면, 정부 차원의 현대적 사회복지는 1880년대 독일에서 시작되었다. 독일은 전통적으로 노동자들의 기술력이 뛰어났고, 이는 독일이 후발공업국으로 선발공업국인 영국과의 경쟁에서 대등한 위치를 확보하게 된 근본 원인이 되었다. 이에 더해 독일의 노동자들은 공제조합이라는 사회부조제도를 갖고 있었는데, 1880년경에 독일에서 처음으로 법률에 의한 제도화가 이루어진 것이다. 예를 들어, 1876년 기준으로 독일에서는 약 12,000개의 공제조합이 있었고, 조합원 수가 200만 명에 달했다고 한다. 이에 더해, 독일에서는 사회주의운동도 활발해, 1875년에는 독일사회주의노동당이 결성되었고, 이후 30년간 유럽에서 가장 강력한 사회주의운동이 전개된 곳이 바로 독일이었다. 독일인 칼 마르크스(Karl Marx)가 공산주의 이론서인 『자본론(Das Kapital)』을 처음으로 집필한 때도 1867년이었다.

이런 정치적 상황에서 노련한 정치인인 비스마르크(Bismarck) 재상은 노동자의 국가에 대한 충성심을 확보함은 물론 당시 날로 세력이 커지고 있는 자본가계급(부르주아)을 견제하기 위해 사회보험제도를 도입했는데, 이는 사회복지 분야에서 새로운 장을 여는 계기가 되었다. 1883년에 노동자 전원을 대상으로 하는 '질병보험법'이 제정되었고, 1884년에는 노동자 전원이 대상이나 보험료는 사용자가 전액을 부담하는 '산업재해보험법'이 만들어졌으며, 1889년에는 노동자 전원을 대상으로 하면서 보험료는 노동자와 사용자가 반분하는 '폐질 및 노령연금법'이 제정되었다. 이로써 독일은 한편으로는 부르주아의 권력 도전을 물리치면서 다른 한편으로는 노동계급에 의한 사회주의적 혁명을 방지하는 묘책을 만들게 되었는데, 이 과정에서 현대 사회복지정책의 근간이 되는 사회보험제도가 핵심적 역할을 담당하게 된 것이다. 독일에서 시작된 사회보험제도는 인근 유럽 전역은 물론 아르헨티나 등 남미국가와 일본으로까지 확산되었다. 이로써 빈민구제에 국한되었던 선별적 복지정책이 질병, 실업, 고령 등의 사회적 위험으로부터 노동자 모두를 보호해주는 보편적 복지정책으로 발전하게 된 것이다.

이러한 보편적 복지정책은 2차 세계대전을 계기로 복지국가 개념으로 발전하게 된다. 복지국가라는 용어는 전쟁으로 고통을 받는 영국인들에게 희망과 용기를 주기 위해 영국의 처칠 수상이 라디오 연설에서 히틀러 치하의 독일은 '전쟁국가(War State)' 그리고 전후 영국을 '복지국가(Welfare State)'로 칭하면서 처음으로 사용되었다. 1942년에 발표된 베버리지보고서는 전 영국인의 '요람에서 무덤까지'의 보편적 복지를 보장하는 청사진을 제시하였고, 이는 전후 유럽 각국이 '복지국가 건설' 경쟁에 뛰어드는 기폭제 역할을 담당하였다. 복지국가를 향한 선진국 간 경쟁은 대내외 경제 여건이 매우 양호했던 1950년대와 1960년대에 치열하게 전개되었고, 그 결과 사회복지 분야에서 정부의 역할은 계속 확대되었다. 그러나 선진국들은 대외적으로 1970년대 두 차례의 석유파동으로 인한 스태그플레이션과 대내적으로 인구의 고령화를 동시에 겪으면서 복지재정의 위기가 발생함으로써 기존의 복지국가 정책을 대폭 수정해야 하는 상황에 처하게 되었다.

기존 복지국가 정책의 수정은 크게 다음 세 가지 측면에서 이루어졌다. 첫 번째 수정방식은, 주로 공적연금 분야에서 진행된 것으로, 복지혜택을 줄이면서 보험료는 인상하는 것이 핵심적 내용이다. 이는 정치적으로 인기가 없으나 고령화와 저출산 현상이 동시에 진행되는 상황에서 불가피한 선택이기 때문에 공적연금제도를 운영하는 대다수 국가에서 활발히 진행된 대표적 복지개혁 조치였다. 한국 역시 최근 연금개혁이 사회복지 분야의 최대 현안으로 부상하고 있으나, 아직도 제대로 된 개혁이 이루어지지 않고 있다. 두 번째 수정방식은, 1990년대 후반 영국의 블레어 노동당 정부가 추진한 것으로, 복지수혜자에게 일자리를 제공하는 이른바 '일자리 복지(welfare to work 또는 workfare)' 프로그램이다. 우리나라에서도 1998년 기초생활보장제도를 도입하면서 '일자리 복지' 개념을 도입하여 자활사업을 개발 · 운영하고 있다. 세 번째 수정방식은 덴마크, 핀란드, 스웨덴 등 북유럽국가들이 시도한 정책으로, 복지 분야에서 ICT 기술을 활용해 효율성을 높이는 방식이다. 본 논문의 주제인 '스마트복지'는 복지 부문의 효율성을 높이기 위한 모든 방법을 포함하기 때문에 앞에서 언급된 세 가지 수정방식 모두가 스마트복지에 속한다고 할 수 있다. 특히 세 번째 방식인 '디지털 복지(digital welfare 또는 e-welfare)'는 스마트복지와 연결성이 매우 높다고 할 수 있다. 결론적으로, 스마트복지는 복지국가의 성숙단계에서 발생하는 복지재정의 위기 상황을 개선하려는 의도지만, 복지국가 건설 초기에 있는 개발도상국에게도 선진국의 경험을 살려 복지국가 시작 단계부터 스마트한 방법을 활용해 사회복지 분야에서 '건너뛰는 전략(leapfrogging strategy)'으로 활용할 수 있어 그 의의가 크다고 생각된다.

우리나라에서도 사회복지는 몇 단계를 거쳐 진화 · 발전하였다. 한국전쟁은 복지 수요를 폭발적으로 증가시키는 계기가 되었다. 예를 들어, 전쟁으로 부모를 잃은 고아들이 폭증하자 이들을 돌보는 아동시설을 설립하는 민간 차원의 활동이 활발하게 전개되었다. 이는 마치 18세기 후반 도시 빈민 문제 해소를 위해 영국에서 COS 활동과 인보운동이 전개된 것과 같은 모습이었다. 전쟁 와중인 1952년 5월에 설립된 한국사회복지협의회는 민간복지시설의 연합체 형태로 출범하였다. 전쟁으로 인해 정부가 사회복지 활동을 할 수 없는 상황에서 민간이 정부의 역할을 대신했다는 것은 실로 놀라운 사실이 아닐 수 없다. 그 후 1961년 박정희 정부가 들어서면서 사회복지 분야에서의 제도적 장치가 서서히 마련되기 시작했다. 1960년에 공무원연금법 그리고 1963년에는 군인연금법과 산업재해보험법이 제정되었다. 또한 1977년에는 건강보험제도가 도입됨으로써 우리나라에서 복지국가를 만드는 노력은 이제 본궤도에 진입하게 되었다. 따라서 1947년 정부 수립부터 1977년까지를 '사회복지 1.0: 기반조성기'라고 할 수 있을 것이다.

1981년에는 노인복지법과 장애인복지법이 그리고 1983년에는 사회복지사업법이 제정됨으로써 사회복지서비스 활성화를 위한 법적 장치가 마련되었다. 또한 1986년 국민연금법과 최저임금법이 제정되었고, 1988년에는 읍 · 면 · 동사무소에 사회복지전문요원이 배치되었으며, 1989년부터는 종합복지관이 운영됨으로써 전국적 사회복지전달체계가 만들어지기 시작하였다. 그리고 1995년에는 고용보험제도가 도입되고, 1999년에는 기초생활보장제도가 실시되었으며, 2007년에 기초연금제도가 그리고 2008년에는 장기요양보험제도가 도입됨으로써 한국에서 사회보장제도는 이제 완성단계에 이르게 되었다. 따라서 1987년부터 2008년 기간을 '사회복지 2.0: 제도확충기'라고 할 수 있다.

2010년 지방선거에서 무상급식에 더해 이른바 '무상복지 시리즈'가 민주당 선거공약으로 제시되었고, 이어 무상보육, 반값등록금 등 선심성 공약이 한나라당에 의해 현실화되면서 한국에서 사회복지의 진화과정은 새로운 '사회복지 3.0: 인기영합기' 단계에 접어들게 된다. 특히 지난 2022년 대선 과정에서 민주당 이재명 후보가 기본소득, 기본주택 등 이른바 '기본시리즈'를 선거공약으로 제시하면서, 사회복지의 '인기영합기'는 절정에 이르게 된다. 그러나, 현재 빠른 속도로 진행되고 있는 고령화와 저출산 추세를 감안한다면, 사회복지 부문에서 발상의 전환이 이루어지지 않으면 국가 미래가 큰 어려움에 처할 것이라는 생각을 하지 않을 수 없다.

윤석열 정부는 2023년 5월 '지속가능한 복지국가'를 핵심 국정과제로 제시하였다. 이의 성공적 구현을 위해서는 우선 연금개혁을 잘 마무리해야 하고, 다음으로는 사회복지 전달체계를 기존 비효율적 공급자 중심에서 수요자 중심의 통합적 체계로 개편하면서 데이터와 ICT 기술을 활용한 '스마트복지'를 구현해야 할 것이다. 유럽의 복지선진국들이 1980년대 복지국가 위기 이후 '일자리 복지', 'e-welfare' 등을 통해 스마트복지를 구현하려고 노력한 것과 같이 우리도 2010년 이후 진행되고 있는 복지 분야에서의 인기영합적 접근을 멈추고 복지정책의 효율성을 강조하는 '스마트복지 시대'를 열어가야 할 것이다.

Ⅱ. 스마트복지란: What?

'스마트복지'라는 단어가 다소 생소하기 때문에, 그 의미를 Chat GPT에게 물어보았더니 다음과 같이 상당히 그럴듯한 답을 얻었기에 이를 여기에서 소개하고자 한다.

"스마트복지는 ICT를 활용해 사람들의 복지 수요를 더욱 효과적으로 충족시키기 위한 복지서비스를 말한다."

"스마트복지에서는 다양한 디바이스를 통해 복지서비스에 손쉽게 접근할 수 있고, 다양한 데이터를 수집하고 분석하여 개인 맞춤형 복지서비스를 제공할 수 있다."

"스마트복지는 복지서비스 사용자와 공급자 모두에게 이용의 편의성과 효율성을 제공하며, 어떤 곳에서도 언제든 이용할 수 있는 편리함을 제공한다."

"스마트복지서비스는 국가 또는 지역사회 복지시스템을 보완하고, 기존 시스템을 발전시켜, 더 나은 복지시스템을 구성하는 데 큰 역할을 한다."

위에서 언급하고 있는 스마트복지는 사회복지 분야에서 데이터와 ICT 기술을 활용하여 언제 어디서나 복지서비스를 효율적으로 제공하는 '디지털 복지' 또는 'e-welfare'를 주로 의미한다고 할 수 있다. 그러나 필자는 '스마트복지' 개념에는 '디지털 복지'에 더해 '혁신적 복지' 개념과 '지속가능한 복지' 성격도 포함되어야 한다고 생각해, 이에 대해서도 Chat GPT에게 다시 물어보았는데 그 결과는 다음과 같다.

> "혁신적 복지는 사회문제와 도전에 대한 새로운 그리고 창의적이고 효과적인 해법을 개발하고 제공하는 것을 말한다. 그래서 혁신복지는 기존의 복지모델보다는 예방, 효율성 및 사용자 중심 설계를 우선시하는 더욱 선제적이고 동적인 방식의 서비스 제공을 목표로 한다."

> "혁신적 복지 프로그램은 새로운 기술플랫폼을 활용하여 복지서비스를 보다 쉽게 이용하며, 디자인하는 과정에 행동과학 통찰력을 적용하거나 예방 프로그램과 정책을 포함할 수 있다."

> "혁신적 복지는 시민들의 복지 문제에 더욱 체계적이고 창의적으로 대처하여 시민들의 참여를 확대하고 국가적 복지프로그램 이외에 간접서비스화를 촉진시킴으로써 자율적 복지체계 구성을 촉진한다."

> "지속가능한 복지는 현재 세대의 복지 수요만 해결하는 것이 아니라, 미래 세대에게도 지속적으로 제공 가능한 복지를 의미한다."

> "지속가능한 복지는 환경, 사회, 경제적 요소들을 모두 고려하여 전반적으로 지속가능한 복지시스템을 구축하는 것을 목표로 한다."

> "지속가능한 복지시스템은 세계적인 복지기술 수준을 바탕으로 지속가능한 복지서비스 제공을 위한 하드웨어 및 소프트웨어를 체계화하여 복지체계 전반에 일관성 있게 적용하는 특징이 있다. 이를 통해, 보다 효과적이면

서 지속가능한 복지서비스 제공이 가능하며, 더 좋은 미래를 위한 복지시스템 구축이 필수적 요건이 된다."

이러한 설명을 통해서 알 수 있는 것은 '혁신복지'는 창의적이고 새롭다는 측면에 역점이 주어진 반면, '지속가능복지'는 미래 세대까지 포함하는 중장기적 시각에 더해 경제는 물론 환경(E), 사회적 측면(S)을 모두 고려한다는 특징을 갖고 있다는 것이다. 본고에서 사용하는 '스마트복지' 개념은 위에서 언급된 세 가지 개념을 모두 포함하는 것이다. 그 이유는 '스마트복지'는 복지를 효율성 측면에서 바라보는 것으로 ICT 기술의 활용은 물론 다양한 형태의 혁신적 방법을 모두 포함하기 때문이다. 이에 더해, 다음 세대를 포함한 중장기적 시각으로 복지를 인지하고 환경 및 사회적 측면을 함께 고려하는 것은 '스마트복지'의 필수적 요건이어야 하기 때문이다.

스마트복지는 복지의 효율성 측면을 강조하기 때문에 가치중립적이라고 할 수 있다. 사회복지정책의 내용은 사회정의 또는 분배 문제에 대한 가치관의 차이에 따라 크게 달라질 수 있다. 그러나 경제적 효율성은 한정된 자원이라는 제약하에서 최대의 성과를 거두는 것을 의미하기 때문에 효율의 증대는 복지의 증대를 의미한다. 따라서 효율과 복지는 서로 상충적 개념이 아니라 오히려 상호보완적 개념이기 때문에 스마트복지는 가치중립적이라고 할 수 있는 것이다.

Ⅲ. 왜 스마트복지인가: Why?

① 복지 예산 및 사업의 '한계효용체감의 법칙'

경제학에 '한계효용체감의 법칙'이라는 용어가 있다. 이는 어떤 사람이 같은 재화나 서비스를 소비함에 느끼는 주관적인 만족도는 소비량이 증가할수록 점차 감소하는 것을 의미한다. 예를 들어, 배고플 때 처음 먹는 빵의 맛은 기가 막히게 좋으나, 두 번째나 세 번째 빵의 맛은 점차 감소하게 된다. 같은 원리를 사회복지 부문에도 적용할 수 있다. 복지제도나 프로그램이 별로 없는 상황에서 사용되는 사회복지지출은 그 효용성이 매우 크나, 많은 선진국에서와 같이 복지지출이 정부 예산의 절반이 넘을 정도로 많아지면서 국민이 느끼는 복지사업의 체감도는 점차 낮아지게 된다. 정부 예산에서 복지 부문 비중이 이미 1/3에 달하는 한국의 경우, 지금부터는 복지사업의 '한계효용체감의 법칙'이 적용될 가능성이 높기 때문에 '스마트복지'의 필요성은 시간이 가면 갈수록 더욱 커질 것이다.

〈표 1〉 서구 복지국가의 진화과정

진화과정	사회정책 내용
준비기 1880년대~1930년대	민간자원봉사 활동(COS. 인보관 운동), 사회보험제도(연금, 건강보험, 실업보험 등) 도입, 공공복지지출 GDP의 5% 수준 도달
성장기 1940년대~50년대	사회보장제도의 내용 확충(건강, 공공부조, 가족수당 등)
성숙기 60년대~70년대 중반	소득, 건강 및 사회서비스 분야의 양적 및 질적 개선, 공공복지지출 GDP의 25%(유럽), 20%(미국) 수준 도달
기조 변화기 70년대 중반~2007년	신규 복지사업의 대폭 축소, 공공부조 사업 내용 축소 등
고통과 재출발기 2007년 이후	연금, 실업보험, 건강보험 부문의 대대적 개혁(그러나 이 분야 복지 수요는 지속적으로 증가), 기본소득제도에 대한 논의 시작 등

자료: Neil Gilbert & Paul Terrell (2014), 『Dimensions of Social Welfare Policy』

서구 복지국가의 진화과정을 살펴보면 1980년대 영국에서 시작된 자선단체연합(COS), 인보관 운동 등 민간 차원의 복지 활동과 독일에서 시작된 연금, 건강보험, 실업보험 등 사회보험제도의 도입은 가뭄에 단비가 내리듯 그 영향력이 실로 대단하였다. 그 후 성장기를 거쳐 1970년대 중반까지 지속된 성숙기에 이르러 복지사업의 지속적 확대가 이루어졌다. 그 결과 복지 예산의 규모가 GDP의 20%를 넘게 되자 복지지출의 한계효용성은 서서히 감소하게 되었다. 이런 상황에서 1970년대 두 차례의 석유파동을 겪으면서 복지지출이 전반적 경제 운영에 부담이 되는 상황에까지 이르게 된 것이다. 이른바 '복지국가 또는 복지재정의 위기'를 맞아 서구 복지국가는 신규 복지사업의 도입은 가급적 억제하면서 기존 복지사업의 내용도 축소하려는 노력을 전개하게 된다. 특히 2007년 국제금융위기를 맞으면서 복지사업에 관한 패러다임을 새롭게 정립하려는 시도가 곳곳에서 전개되고 있다. 기본소득제도에 관한 논의도 이러한 시도의 일부라고 할 수 있고, 본 논문의 주제인 스마트복지 역시 '재출발기'의 새로운 복지 패러다임이라고 할 수 있다.

〈표 2〉 공공복지지출 GDP 비중

(2022년 또는 최근 연도)

국가	GDP 비중(%)	국가	GDP 비중(%)
프랑스	31.6	영국	22.7
이탈리아	30.1	OECD 평균	21.1
핀란드	29.0	뉴질랜드	20.8
독일	26.7	노르웨이	20.7
덴마크	26.2	호주	20.5
캐나다	25.5	네덜란드	17.6
일본	24.8	스위스	17.0
스웨덴	23.7	한국	14.8
미국	23.0	터키	12.4

자료: 국회예산정책처 (2023), 『OECD 주요국의 공공사회복지지출 현황 보고서』

OECD 주요국의 공공사회복지지출 GDP 비중을 비교해보면, 프랑스, 이탈리아, 핀란드 등이 30% 수준으로 최상위권을 차지하고 있고, 미국, 영국, 뉴질랜드, 호주 등 영어권 국가들이 평균 20% 수준으로 중위권을 형성하며, 한국은 14.8%로 하위권에 머물고 있다. 그러나 한국에서 공공복지지출은 고령화의 급진전으로 가파르게 증가하고 있다. 예를 들어, 한국의 공공사회복지지출 GDP 비율은 2017년 10% 수준에서 불과 5년 후인 2022년에는 14.8%로 급상승했다. 현재와 같은 추세가 계속된다면 새로운 복지제도를 도입하지 않더라도 2030년에는 OECD 평균치인 21% 수준에 이를 것으로 전문가들은 전망하고 있다. 공공사회복지지출 GDP 비중 20%를 경제에 부담이 되는 경계선이라고 가정할 때, 이제는 한국도 복지지출의 효율성을 걱정해야 하는 단계에 진입했다고 할 수 있다. 얼마 전까지 일본은 공공사회복지지출 비중이 미국보다 낮았으나, 급격한 고령화로 2022년에는 미국을 추월하는 상황에 이르렀다는 사실은 우리에게도 시사하는 바가 크다.

윤석열 정부는 지난 2023년 5월 31일 '사회보장 전략회의'를 개최하면서 '지속가능한 복지국가'를 새로운 국정목표로 그리고 '약자복지', '서비스복지', '복지재정 혁신'을 중점 추진과제로 제시하였다. 구체적으로 "복잡한 제도는 패키지화하여 알기 쉽게 단순화하고, 중복 사업은 합치고 부족한 부분은 채워 빈틈없는 사회보장 체계를 구축"한다는 것이다. 또한 사회서비스 고도화를 위해 "취약계층 위주 사회서비스를 중산층으로 확대하고, 복지기술, 적극적 규제개선 및 투자, 경쟁 여건 조성 등을 통해 좋은 일자리 창출과 복지-고용-성장 선순환을 달성"하겠다는 것이 구체적 내용이다. 정부는 이러한 원칙들을 2023년 중 제3차 '사회보장 기본계획'에도 반영하였다.

2006년 노무현 정부에서 수립된 '비전 2030'은 복지지출의 양적 확대의 필요성을 강조하면서 공공사회복지지출의 GDP 비중을 2005년 현재 8.6%에서 2019년에는 15%(2001년 미국 수준), 2024년에는 17% 수준(2001년 일본 수준), 2030년 21%(2001년 OECD 평균 수준)로 증가시키겠다는 것이었다. 당시 야당을 포함한 대다수 전문가는 이러한 정책 목표가 현실성이 낮은 공허한 정치적 수사에 불과하다고 비판하였다. 그러나 최근 추세를 살펴보면 '비전 2030'의 목표는 거의 확실히 달성될 것이라는 생각을 하게 된다. 문제는 현재의 고령화와 더불어 초저출산 추세가 앞으로 상당 기간 지속될 가능성이 높기 때문에 한국의 공공사회복지지출의 GDP 비중은 OECD 평균 21%를 넘어 지속적으로 증가할 것으로 전망된다는 사실이다. 선진복지국가들은 1980년대 이후 복지지출 증가를 억제하고 효율성을 제고하려는 노력을 경주한 결과 지난 20년간 GDP 비중을 21% 수준에서 유지하고 있는 반면, 우리는 각고의 노력을 하지 않으면 사회복지지출 비중이 경제에 큰 부담이 되는 수준까지 계속 증가할 가능성이 높다. 따라서 윤석열 정부의 '지속가능한 복지국가' 국정목표가 실현되기 위해서는 복지지출과 사업의 효율성과 효과성을 동시에 재고하기 위한 각고의 노력이 필요하다는 사실을 강조하지 않을 수 없다.

② 어려워지는 국내외 경제적 여건

1970년대 서구 복지국가 발전에 브레이크 역할을 한 것은 당시 두 차례의 석유파동으로 인한 '스태그플레이션'으로 상징되는 경제적 여건의 악화였다. 그 후에도 세계 경제는 2007년 국제금융위기를 겪었고, 지금은 러시아의 우크라이나 침공 등으로 인한 또 한 차례의 스태그플레이션을 겪고 있다. 이에 더해, 미국과 중국 간 패권경쟁이 심화되면서 세계는 지금 새로운 형태의 정치 · 경제적 어려움에 처해 있다.

미국과 소련의 정치 및 군사적 대립이 '구(舊) 냉전시대'의 특징인 반면, '신(新) 냉전시대'는 정치와 군사 분야는 물론 경제와 기술 분야에서 미국과 중국의 패권경쟁이 그 핵심적 내용이다. 구 냉전시대에서 소련의 기획경제는 시장경제와 자유무역을 기반으로 한 자유진영 경제와는 별개로 작동되었기 때문에, 정치 및 군사 분야에서 미 · 소간 냉전은 자유진영에게는 경제적으로 큰 부담이 되지 않았다. 그러나 개방화와 국제분업체제에 힘입어 '세계의 공장'으로 발전한 중국과 여전히 세계 최강국인 미국 간 신냉전은 당사자인 미국과 중국은 물론 한국을 포함한 세계 모든 나라에 큰 경제적 폐해를 주고 있다. 우선, 많은 자유진영 국가들이 중국과의 경제활동을 자제하면서 중국 경제는 침체국면에 접어들었고, 무역에서 중국 시장의 비중이 큰 한국 등 다수의 자유진영국가 역시 이에 따른 이차적 피해를 겪고 있는 것이다. 또한 세계적 전략산업으로 부상한 반도체산업 등 첨단산업의 대 중국 진출에 대한 미국 정부의 간섭 역시 우리의 입장을 곤란케 하고 있다.

그러나 신냉전체제에 따른 이점 역시 존재하는 것이 사실이다. 그 이유는 우선 미 · 중 간 냉전의 결과로 야기된 미국의 중국에 대한 견제는 한국의 철강, 선박 등 기간산업에 더해 반도체, 자동차배터리 등 전략산업 분야에서 중국의 추적을 지연시키는 결과를 가져옴은 물론, 기술 분야에서 최우위에 있는 미국과 대량생산 부문에서 세계 최강의 경쟁력을 보유한 한국 간 전략적 동맹관계를 촉진시키고 있기 때문이다. 이에 더해, 경제와 통상 분야에서 '절단(decoupling) 전략'이 많은 경제적 부작용을 야기하면서 중국에 대한 미국의 정책이 '위험감소(derisking) 전략'으로 서서히 전환되고 있다. 그 이유는 구 냉전시대와는 달리 신 냉전시대의 주역인 미국과 중국은 이미 상호경제의존도가 높아 이를 단절하는 것은 양국 모두에게 큰 피해를 주기 때문이다. 여하튼 작금의 국내외 정치 및 경제 상황은 우리로 하여금 새로운 전략을 모색하게 하는데, 이 과정에서 사회복지 부문에서도 새로운 대내외 여건에 걸맞은 전략 수립을 불가피하게 하고 있다. 따라서 효율성과 효과성을 강조하는 스마트복지는 새로운 전략 수립 과정에서 핵심적 패러다임이 되어야 할 것이다.

③ 고령화, 저출산 등 사회적 여건의 변화

저출산과 고령화는 현재 한국 사회가 당면한 최대 난제다. 2023년 한국의 출산율 0.72명은 세계에서 가장 낮은 수준이다. 낮은 출산율은 중장기적으로 잠재경제성장률을 낮추는 요인으로 작용한다. OECD[1]는 한국의 잠재경제성장률이 2000~2007년 기간 중 연 3.8%에서 2007~2020년 기간에는 2.8%로 낮아졌는데, 이런 추세는 앞으로도 계속되어 2020~2030년 기간에는 1.9%, 2030~2060년 기간에는 0.8%로 계속 하락할 것으로 전망하고 있다. 2000~2007년 기간에는 한국의 잠재경제성장률이 OECD 내에서 상위권이었으나, 2020~2030년 기간에는 OECD 평균(1.3%)과 비슷해지고

1 OECD(2021)

2030~2060년 기간에는 OECD 평균(1.1%)을 밑돌아 캐나다(0.8%)와 함께 OECD 38개국 중 공동 꼴찌가 될 것으로 OECD는 전망하고 있다.

반면, 의료기술의 발달에 따른 평균수명은 지속적으로 상승하였고, 이런 추세는 앞으로도 지속될 것으로 전망된다. 예를 들어, 1970년부터 2022년 기간 중 한국에서의 평균수명은 남성의 경우 58.7세에서 81.2세로 그리고 여성의 경우에는 65.8세에서 87.0세로 크게 증가하였다. 통계청[2]은 2065~2070년 한국인의 평균 기대수명은 90.9세로 OECD 38개 회원국 중 가장 높을 것으로 전망하고 있다. 이는 노르웨이 90.2세, 핀란드 89.4세, 일본 89.3세를 앞지르는 수치다. 2070년 우리나라 전체 인구에서 생산연령인구(15~64세)의 비중은 46.1%로 OECD 회원국 중 유일하게 40% 대로 떨어질 전망이다. 반면, 65세 이상 인구 비중은 46.4%로 OECD 회원국 중 가장 높다. 따라서 생산연령인구 100명당 부양인구(유소년 및 고령인구)를 나타내는 총부양비는 116.8명으로 이 역시 OECD 1위가 될 것이라고 통계청은 전망하고 있다.

그러나 평균수명의 증가는 복지재정 측면에서는 큰 부담이 아닐 수 있다. 노인층이 증가하면 연금과 의료비 부담이 급상승하기 때문이다. 이에 더해, 전 세계적으로 가장 낮은 출산율은 향후 생산연령인구의 감소를 의미하기 때문에, 복지재정의 위기는 OECD 국가 중 한국이 가장 심각해질 전망이다. 복지사업의 효율성과 효과성을 강조하는 스마트복지의 중요성을 새삼 절박하게 느끼게 되는 대목이 아닐 수 없다.

---

2 통계청(2021)

〈표 3〉 OECD 주요국 기대수명 및 출산율 전망, 2065~2070년 평균

국가	기대수명(세)	국가	합계출산율(가임여성 1명당)
한국	90.9	이스라엘	2.19
노르웨이	90.2	스웨덴	1.83
핀란드	89.4	프랑스	1.83
일본	89.3	미국	1.82
캐나다	89.3	덴마크	1.80
아일랜드	82.0	한국	1.21

자료: 통계청(2021), 『장래 인구 추계: 2020~2070』

④ ICT 등 새로운 기술의 활용 가능성

국내외적으로 사회복지 분야에서 ICT 기술 활용에 대한 관심이 높아지고 있다. 복지 기술(Welfare Technology)이라는 개념은 2007년 덴마크 기술위원회를 통해 처음으로 도입되었다. 노인이 주 대상이었기 때문에 제론테크놀로지(Gerontechnology) 또는 엘더테크(Elder Tech)라는 용어로도 사용되고 있다. 스웨덴 스톡홀름에 위치하면서 북유럽국가들의 사회복지 발전을 평가하고 연구하는 '복지와 사회문제 북유럽센터(Nordic Center for Welfare and Social Issue)'는 '복지기술'을 '복지서비스를 개발하고 전달하기 위해 도움을 주는 해결방안'으로 정의하고 있다. 제론테크놀로지는 다음의 두 가지로 구성된다; (1) 노인들의 생활습관과 건강상태에 대한 정보를 실시간으로 모니터링하여, 그들이 건강한 생활을 유지할 수 있도록 지원하는 스마트홈 기술과 (2) 원격진료를 통해 노인들이 거주지에서도 의료진과 쉽게 상담하고 진단을 받을 수 있도록 돕는 텔레메딕(Telemedic) 기술.

국제적으로 복지 기술 분야를 선도하고 있는 덴마크는 국가 차원의 '디지털복지 계획'을 5년 단위로 세우고 그 결과를 『Strategy for Digital Welfare』

라는 보고서 형태로 발간하고 있다.[3] 이 보고서에는 디지털 공공서비스 기반 구축, 원격의료서비스 보급, 보건의료의 효과적인 전달체계 구축 등에 관한 구체적 추진계획이 포함되어 있다. 덴마크에서 디지털 복지의 추진은 재무부가 주관하는데, 크게 세 분야로 나뉜다. 첫째는 원격진료를 포함한 의료시스템의 디지털 전환이고, 둘째는 원격교육을 포함한 교육 부문에서의 디지털 전환이며, 셋째는 요양보호 및 사례관리 등 사회복지 분야에서의 디지털 전환이다. 요양보호 분야에서 덴마크 정부는 '덴마크 공공복지기술 기금'을 조성해 민간과 공공의 기술개발을 지원하고, 그 경험을 전국적으로 공유할 수 있는 네트워크를 구축하고 있다. 공공복지기술 개발은 노인과 장애인이 일상생활을 좀 더 편리하게 영위할 수 있도록 하는 데 역점을 두고 있다.

핀란드는 유럽에서 혁신을 주도하는 나라로 평가되고 있는데, 혁신 분야에 중앙정부가 막대한 투자를 하는 동시에 추진 과정에서는 지방자치 정부의 역할을 강조하고 있다. 핀란드에서 보건과 사회복지서비스는 복지보건부 소관으로 두 분야의 정책이 통합적으로 수립되고 집행된다는 특징이 있다. 또한 핀란드 복지보건부는 4년 단위로 이 분야에 대한 실태조사를 실시하고, 이를 근거로 디지털 전환 정책을 보완하는 작업이 진행되고 있다.[4] 또한 핀란드는 2007년 디지털 의료정보의 수집 및 활용을 위한 칸타 서비스(Kanta Service)에 관한 법안을 통과시켰고, 2017년부터는 전 국민이 이를 이용하고 있다. 의료와 복지서비스를 결합한 아포티(Apotti) 사업은 2018년 수도권 중심의 시범사업을 거쳐 2021년부터는 전국적으로 시행되고 있다.

스웨덴은 간호와 돌봄서비스의 질 제고를 위해 복지기술 상용화를 권장하

---

3 Denmark Government(2016)

4 National Institute for Health and Welfare(2019)

고 있다. 장애가 있는 노인도 일반 주택에서 생활할 수 있도록 '고령자를 위한 기술 프로그램'을 운용하고 있다. 이 분야 전문기관인 'Swedish Assistive Technology Institute'는 고령자와 장애인을 위한 정부 차원의 지원을 총괄하고 있다. 이러한 사업의 추진 과정에서 많은 대학과 지방정부와의 협력을 통해 복지 기술에 대한 기반을 확고히 구축하고 있다. 네덜란드는 ICT를 활용하여 치매노인들이 정상인과 같이 편하게 살 수 있는 스마트 마을인 '호그백(Hogeweyk) 빌리지'를 운영하고 있다.

미국, 영국, 호주 등 영미권에서는 논의가 주로 장애인과 노인을 중심으로 이루어지고 있기 때문에, 노년기술학(Gerontechnology)이라는 용어가 보편적으로 사용되고 있다. 이곳에서 노년기술학의 목적은 다음과 같다: ① 노인의 기능 장애의 예방 및 지연, ② 노화와 관련된 기능적 감소 보완, ③ 노인의 삶의 질과 활기 증진, ④ 노인의 가족과 돌봄 제공자 지원, ⑤ 기술과 노화와 관련된 응용연구와 기초연구 촉진. 한편 일본에서는 2000년 '개호보험'이 도입되면서 복지용품 패러다임이 로봇과 ICT 기반으로 지속적으로 발전하고 있다. 2020년 현재 고령자 지킴이 서비스 산업 규모는 58억 엔 그리고 복지용구 대여 서비스 산업 규모는 3조 7천억 엔으로 추정되고 있다.

한국에서 복지기술이라는 용어는 아직도 생소한 것이 사실이다. 한국에서는 복지기술을 보다 포괄적으로 접근하는 장점이 있으나, 실제 서비스를 받아야 하는 수요자에 대한 구체적 접근이 미비하다는 단점이 있다. 대체로 복지기술에 대한 잠재적 욕구는 높으나, 유효 수요가 낮은 것이 현실이다. 그 이유는 일본과는 달리 장기요양보험에서 복지기술 용구에 대한 적용 범위(coverage)가 상대적으로 낮기 때문이다. '성남고령친화 종합전시관'에서 하드웨어 중심의 다양한 기능을 제시하고 있으나, 실제 생활과는 거리가 있는 것이 사실이다. 또한 킨텍스에서 '고령친화산업 박람회(SENDEX)'가 코로나 발생 이전까지는 매년 개최되었으나, 정부의 관심 부족과 대기업의 참여 기피로 활성화되지 못하고 있다. 반면, 일본에서는 일본사회복지협의회가 주관하고 일본 대기업은 물론 외국 유명 업체도 참여하는 '고령친화산업 박람회'가 매년 동경과 오사카에서 큰 규모로 열리고 있다.

북유럽복지센터는[5] 복지기술을 "고령화 및 사회적 변화로 급증하는 복지 수요를 충족하기 위해 일상생활의 영역에 IT 기술을 접목시켜 생활의 편의를 돕는 복지서비스의 혁신"으로 정의한다. 복지기술은 사회문제 해결에 과학기술을 활용한다는 점에서 '사회기술' 또는 '적정기술'과 유사하나, 강조되는 가치와 적용 대상에 차이가 있다. 우선 적용 대상에서 복지기술은 보건 및 복지 분야에 국한되나, 사회기술은 교육, 환경 등을 포함하며 주로 개발도상국 지원에 활용되고 있다. 반면, 적정기술은 주로 환경의 지속가능성에 역점을 두면서, 적용 분야도 에너지, 물, 농업 등으로 다양하다.

복지기술은 다음의 네 가지 역할을 수행할 수 있다.[6] ① 경제적 역할: 인구구조 변화가 경제에 미치는 부정적 영향을 상쇄하고, 지방자치단체에 가해지는 직접적, 재정적 압력을 완화하며, 같은 질의 서비스를 더 저렴하게 공급할 수 있다. ② 혁신의 역할: 공공서비스를 최적 수준에 맞추어 새롭게 하고, 공공서비스 영역에서 가능성을 증가시킬 수 있다. ③ 삶의 질 개선 역할: 체감되는 공공복지서비스의 질을 향상시키고, 독립성과 자유의 증진을 통한 수혜자의 역량을 향상시킬 수 있다. ④ 작업환경 개선 역할: 돌봄의 수고를 감소시키고 상해 가능성을 줄여 돌봄 종사자와 수혜자 모두의 만족도를 증가시킬 수 있다.

---

5 Nordic Center for Welfare and Social Issues(2010)

6 김창욱 외(2018)

⑤ 복지 포퓰리즘의 유혹

백과사전은 포퓰리즘을 다음과 같이 정의하고 있다. "포퓰리즘은 대중의 의견을 대변하는 등 대중을 중시하는 정치사상 및 활동을 이르는 말로, 인민이나 대중을 뜻하는 라틴어 '포풀루스(Populus)'에서 유래한 용어이다. 이는 소수의 엘리트만이 아닌 다수를 위한 정책을 수립하고, 다수의 참여와 지배를 강조한다는 특징이 있다. 반면, 포퓰리즘에 대해 대중을 전면에 내세우고 대중적 지지만을 좇는 '대중영합주의'로 보는 부정적 시각도 있다." 다시 말해, 포퓰리즘은 엘리트가 아닌 대중을 표방한다는 차원에서 선거에 의해 정치권이 운영되는 민주주의국가에서 자연스러운 현상이라고 할 수 있다. 그러나 언론에서 흔히 사용되는 포퓰리즘이라는 단어는 대중적 인기를 얻기 위해 선심성 정책을 펼치는 것을 의미하기 때문에 '대중영합주의'를 지칭한다고 할 수 있다. 또한 인기를 얻기 위한 정책의 내용이 복지정책인 경우가 많기 때문에 '복지 포퓰리즘'은 방만한 국가 운영의 상징으로 사용되고 있다.

우리나라에서 민주화 이전에는 선거에서의 쟁점이 정책보다는 민주화였기 때문에 경제정책은 물론 복지정책도 선거에서 유권자의 관심을 끌지 못했다. 그러나 1987년 6 · 29 민주화 선언 이후 대통령과 국회의원은 물론 지방자치단체장과 지방의원 모두가 선거에 의해 결정되는 시대가 전개되면서 선거에서 정책은 점차 그 영향력이 커지고 있다. 그러나 이른바 '3김'이 정치의 주역으로 있는 동안에는 이들이 대표하는 지역과 후보 간 합종연횡이 선거의 승패를 좌우하는 요인으로 작용하였다. 예를 들어, 민주화 이후 처음으로 실시된 1987년 대선에서 여당 진영은 노태우 후보로 단일화되었으나, 야당 진영은 김대중, 김영삼, 김종필로 3파전이 됨으로써 결국 노태우 후보가 승리하였다. 1987년 대선에서 3등을 한 김영삼 후보는 보수진영의 대통합이 대선 승리의 열쇠라고 판단하여, 이른바 '3당 통합'을 추진하여 통합된 보수정당의 후보가 됨으로써 1992년 대선에서 승리할 수 있었다. 1997년 대선 결과 역시 같은 논리로 설명될 수 있다. 여당 진영에서는 이회창 당시 여당 대표가 대선 후보로 선출되었으나, 경선에서 낙마한 이인제 의원의 독자 출마로 여권표는 분산되었다. 반면, 야당 진영에서는 김대중 후보가 보수 진영의 김종필, 박태준 의원까지 포섭함으로써 대통령으로 당선될 수 있었다. 2002년 대선 역시 진보 진영의 노무현 후보가 보수성향의 정몽준 후보와의 연대에 성공함으로써 대선에서의 승리를 거머쥐게 되었다.

한 가지 예외가 있었다면, 그것은 총선과 대선이 같은 해 치러진 1992년이었다. 당시 정주영의 통일국민당은 '반값 아파트'를 공약으로 내놓았고, 이는 특히 1992년 총선에서 통일국민당이 31석의 당선자를 배출해 원내교섭단체를 구성하는 이변을 창출하는 데 결정적으로 기여했다. 그 내용은 당시 분양가의 10~30%를 차지하던 채권입찰제를 폐지하고, 기반시설 설치 비용을 국가재정으로 충당하면 가격을 확 낮출 수 있다는 것이었다. 이 공약은 총선 이후 실시된 대선에서의 참패로 결국 물거품이 되었으나, 30년이 지난 지금도 그 위력을 발휘하고 있다. 예를 들어, 윤석열 대통령은 2022년 대선 과정에서 신혼부부와 청년을 위한 반값 아파트 공약을 제시한 바 있다.

우리나라에서 '복지 포퓰리즘'의 시작은 2010년 지방선거에서 민주당이 제시한 무상급식 공약이었다. 무상급식 카드는 경기도 김상곤 교육감이 2009년 경기도 교육감 선거에서 처음으로 꺼냈다. 무상급식 논란은 서울시와 전국으로 확산되었다. 오세훈 서울시장과 한나라당은 무상급식을 '복지 포퓰리즘'이라는 이유로 반대하였고, 오세훈 시장은 이에 관한 주민투표를 제안하였다. 2011년 8월에 실시된 주민투표는 최종투표율이 25.7%로 법적 요건인 1/3에 미달함으로써 개표도 못 하고 투표함이 폐기되었다. 결국 오세훈 시장은 이에 대한 책임을 지고 시장직에서 사퇴하였다. 이는 무상급식 자체에 대한 서울시민의 찬반 결과라기보다는 오세훈 시장의 정치적 오판의 결과라고 할 수 있다. 그 이유는 2008년 대선에서 한나라당 이명박 후보에게 투표한 서울 시민이 모두 투표장에 나와도 1/3이라는 요건을 갖출 수 없었기 때문이다. 실제로 민주당은 지지자들의 투표주민 불참을 독려했는데, 결국 민주당이 정치적 판세를 정확히 읽었기 때문에 국민투표에서 승리할 수 있었던 것이다.

무상급식 공약으로 재미를 본 민주당은 이른바 '4대 무상복지공약 시리즈'를 내놓았는데, 그 내용은 무상급식에 이어 무상의료, 무상보육 그리고 반값 등록금이다. '무상의료'는 건강보험 보장성을 90%까지 올리고 본인부담금은 연간 1백만 원으로 제한하자는 것이고, '무상보육'은 만 5세 이하 모든 아동의 보육시설비를 전액 지급하고 부모에게 양육수당을 지급하는 것이다. 이러한 공약은 원래 민주노동당의 공약이었는데, 민주당이 이를 당론으로 채택한 것이다. 여당인 한나라당은 처음에는 이러한 민주당의 공약을 '무책임한 세금 폭탄'이라고 비난을 퍼부었으나, 오세훈 시장이 무상급식에 관한 주민투표에서 패하자 입장을 급선회하였다. 한나라당은 무상급식을 받아들임은 물론, 이에 더해 무상보육과 대학등록금 동결 조치 등을 당론으로 채택해 실제로 추진하였다.

1997년 6월 민주화 이후에도 복지에 대한 정부의 정책 기조는 대체로 합리적 수준을 유지하였다. 노태우 정부에서는 민주화로 노사문제에서는 지나치게 유화정책을 채택했다는 비판을 받았으나, 복지 분야에서는 무리한 시도를 하지 않았다. 김영삼 정부는 처음으로 정부 차원의 국민복지기획단을 설치해 중장기 청사진을 만들었는데, 그 주제는 '균형된 복지국가'로 복지와 경제의 균형적 발전을 목표로 설정하였다. 그 후 집권한 김대중 정부는 당시 외환위기로 복지재정의 획기적 확대가 어려운 상황에서 '생산적 복지'를 목표로 제시하면서 김영삼 정부의 국민복지기획단이 만든 복지정책의 틀을 그대로 유지하였다. 그러나 노무현 정부가 출범하면서 복지와 경제 간 균형을 잡기보다는, 우리의 복지 수준이 유럽 선진국에 비해 상대적으로 낙후되었다는 인식하에 복지지출을 가급적 빨리 증가시키는 이른바 '비전 2030'을 마련하였다. 그러나 당시 여소야대 상황으로 야당인 한나라당이 '비전 2020'을 받아들이지 않았기 때문에 이 계획은 실제로 집행되지 못했다. 결국 우리나라에서 복지정책이 포퓰리즘의 방향으로 선회하게 된 결정적 계기는 2011년 무상급식에 대한 주민투표로 인해 오세훈 시장이 사퇴하면서 집권당인 한나라당의 입장이 180도 바뀐 것에서 비롯되었다.

어떤 정책이 포퓰리즘인지를 판단하는 것은 쉬운 일이 아니다. 예를 들어, 대다수 북유럽국가는 복지 보편주의에 입각해 무상의료, 무상교육 등 높은 수준의 복지정책을 전개하고 있지만 이를 복지 포퓰리즘이라고 하지는 않는다. 그 이유는 이들 국가들은 높은 조세부담률을 유지함으로써 국가 재정의 건전성을 유지함과 동시에 경제 분야는 철저히 시장원리를 적용함으로써 경제활력을 동시에 잘 유지하고 있기 때문이다. 결국 국가가 자신의 경제 형편에 맞는 수준의 복지지출을 하면 '지속가능한 복지'가 되지만, 자국의 능력을 초월해 경제적 부담이 되는 수준의 복지지출을 하면 '복지 포퓰리즘'으로 분류되는 것이다. 따라서 재정의 건전성 여부가 복지 포퓰리즘 여부를 결정하는 중요한 잣대가 된다는 것이다.

일부 보수진영과 언론에서 보편적 복지를 복지 포퓰리즘의 대명사로 인식하는 경향이 있는데, 이는 사회복지 진화과정에 대한 잘못된 인식에 기인한다. 복지국가 초기 단계에는 재원 부족으로 복지혜택이 경제적으로 어려운 계층에게 한정되나, 국가의 경제적 형편이 나아지면 복지 수혜 범위가 점점 넓어져 결국 모든 국민으로 확대되는 것이 복지국가의 정상적 진화과정이다. 예를 들어 우리나라 무상교육의 경우 경제발전 초기에는 초등학교에서 시작해 다음으로는 중학교, 고등학교로 확대되었고, 지금은 대학에도 장학금 제도를 확대해 경제적 이유로 대학을 다니지 못하는 경우를 최소화하고 있다. 결국 경제적 형편만 된다면 취약계층 중심의 '선별복지'보다는 전 국민이 혜택을 보는 '보편복지'가 더 나은 형태의 복지정책이 된다. 여기서 가장 중요한 것은 특정 복지시책을 실시할 수 있는 경제적 여력이 있는가에 대한 판단이고, 다음은 복지시책 자체의 효율성 여부다. 저소득층에게만 혜택이 주어지는 선별복지 사업일지라도 이로 인해 수혜자의 근로의욕이 저하된다면 나쁜 복지정책이 되는 것이고, 무상교육과 같은 보편적 복지시책도 이로 인해 노동시장에서 모든 국민이 공평한 기회를 갖게 된다면 좋은 복지정책이 되는 것이다.

〈표 4〉 GDP 대비 국가채무 비율, 단위 %

기간	국가채무비율(%)	국가채무 증가액(조 원)
1998~2002: 김대중 정부	16.6	85.4
2003~2007: 노무현 정부	24.7	165.8
2008~2012: 이명박 정부	29.5	180.8
2013~2017: 박근혜 정부	34.9	170.4
2018~2022: 문재인 정부	42.6	410.1

자료: 통계청

그래서 재정건전성은 복지시책의 포퓰리즘 여부를 판단하는 중요한 척도가 되고 있다. 한국은 대체로 재정건전성 측면에서 양호한 것으로 평가되었으나, 2010년 이후 복지재정의 증가 속도가 빨라지면서 GDP 대비 국가채무 비율도 빠른 속도로 증가하고 있다. 예를 들어, 김대중 정부에서는 당시 외환위기 상황으로 인해 IMF가 재정 긴축을 강력하게 요구했기 때문에 국가채무는 85.4조 원 증가에 그쳤고, 국가채무비율이 16.6%로 매우 낮은 수준을 유지하였다. 그러나 외환위기가 마무리된 상황에서 출범한 노무현 정부는 복지지출 확대를 의도적으로 추진한 결과 국가채무는 김대중 정부의 두 배인 165.8조 원이나 증가했고, 국가채무비율도 24.7%로 8% 포인트나 증가했다. 그 후 출범한 이명박 정부와 박근혜 정부는 국가채무 증가액은 재임 기간 중 180조 원 수준을 유지했고, 국가채무비율도 이전 정부 대비 5% 포인트 정도의 증가세를 보여 각각 29.5%와 34.9% 수준에 이르렀다. 그러나 문재인 정부가 들어서면서 국가채무가 임기 중 410.1조 원이나 급속히 증가하였고, 그 결과 국가채무비율도 42.6%에 이르게 되었다. 결론적으로, 김대중 정부 이후 복지지출의 지속적 증가와 더불어 국가재정 상태도 서서히 나빠졌으나, 노무현 정부와 문재인 정부에서 악화 속도가 특히 빨랐다. 결국 문재인 정부는 '나랏빚 1000조 원, 국가채무비율 50%'라는 오명을 남기고 물러났다.

복지 포퓰리즘의 유혹에서 벗어나기 위해 대다수 선진국은 '재정준칙'을 만들어 복지지출의 무분별한 증가를 제도적으로 예방하고 있다. 현재 OECD 36개 회원국 중 한국과 터키를 제외한 34개국이 그리고 전 세계적으로는 92개국이 재정준칙을 도입하여 실시하고 있다. 한국은 2016년부터 정부 입법 형태로 재정준칙 도입을 추진했지만, 민주당의 반대로 아직 국회 문턱을 넘지 못하고 있다. 2020년 10월 정부가 발표한 재정준칙은 2025년부터 GDP 대비 국가채무비율 60%, 통합재정수지 비율 -3% 이내로 관리하며, 이를 넘길 경우 건전화 대책을 의무적으로 마련해야 한다는 내용이다. 하루속히 합리적 재정준칙에 대한 여야정치권의 합의가 이루어져 복지 포퓰리즘에 대한 우려가 원천적으로 봉쇄될 수 있기를 기대해 본다.

Ⅳ. 스마트복지: How?

① 디지털복지(E-welfare)의 구현

우리나라는 세계 최고 수준의 ICT 기술과 인프라를 갖고 있으나, 사회복지 분야에서의 이용은 상대적으로 저조한 수준이다. 그 이유는 정부 차원에서의 의지가 약하고 사회복지 전달체계가 공급자 중심으로 다기화되어 있어 온라인화에 어려움이 있기 때문이다. 디지털 복지 분야의 선두주자인 덴마크, 핀란드 등 북유럽국가에서는 디지털 복지가 의료부문에서 시작되었으나, 우리는 원격진료에 대한 의료계의 반대로 아직도 시범사업 단계를 벗어나지 못하고 있다. 사회복지서비스 분야에서는 노인시설과 장애인시설을 중심으로 로봇이나 ICT 기구들이 활용되고 있으나, 아직 보편화 단계에는 이르지 못하고 있다. 사회보장 부문의 정보화를 위해 2009년 말부터 한국사회보장정보원이 설립 · 운영되고 있으나, 정책의 우선순위가 부정수급 방지와 사각지대 발굴에 집중되어 있어 디지털 복지의 기반을 구축하고 이를 전 국민이 편리하게 이용할 수 있는 디지털 복지의 구현 단계에는 이르지 못하고 있다. 또한 핀란드와 같이 의료서비스와 사회복지서비스 간 연계가 이루어지지 않고, 개인별 의료 및 사회서비스 자료의 관리 역시 체계적으로 이루어지지 않고 있다.

이러한 상황을 근본적으로 개선하기 위해서는 정부 차원의 '스마트복지 5개년 계획'의 수립을 통해 '한국형 디지털 복지 중장기 전략'을 수립할 것을 적극 건의한다. 또한 공공주도의 하향식 구조에서 탈피해 민간 참여 확대를 통해 사회서비스 분야의 효율성과 지속가능성을 동시에 확보하고 고용도 창출해야 할 것이다. 복지서비스와 의료서비스의 연결을 주도하는 핀란드 아포티(Apotti) 사업의 경우, 공공은 재정적 지원에 집중하고 민간 중심의 운영을 통해 시장경쟁력을 갖춘 스마트복지시스템을 구축하고 있는데, 이는 우리에게도 시사하는 바가 크다. 디지털 복지 분야를 선도하고 있는 덴마크의 경우 정부는 첨단 복지 기술 개발과 보급을 지원하는 공공기금을 만들어 운영하면서 대학과 지방정부의 이 분야 활동을 적극 지원하고 있는데, 이 역시 우리도 시도해 볼 가치가 있다고 판단된다. 핀란드에서는 정부출연기관인 국립보건복지원이 디지털 복지 사업을 총괄 운영하고 있는데, 우리의 경우에는 2010년부터 설립 · 운영되고 있는 사회보장정보원이 이와 같은 기능을 수행할 수 있을 것이다. 이에 더해, 스마트복지 분야에서 각국의 경험을 분석하고 이를 국제사회에 전파하는 기능을 수행하는 국제스마트복지센터(GSWC: Global Smart Welfare Center)의 설립 · 운영을 통해 한국이 국제사회에서 지속가능한 복지국가 패러다임의 구축 및 전파 과정을 선도해 나갈 수 있을 것이다.

윤석열 정부는 대통령 직속 '디지털 플랫폼 정부위원회'를 설치하였고, 2023년 4월에는 "디지털 플랫폼 정부 실천계획"을 확정 · 발표하였다.[7] 이 계획은 기본목표를 "모든 데이터가 융합되는 디지털 플랫폼 위에서 국민, 기업, 정부가 함께 사회문제를 해결하고, 새로운 가치를 창출하는 정부"로 설정하고, 다음의 9가지 기본원칙을 확정하였다: ① 공공서비스는 국민이 원하는

7 디지털 플랫폼 정부위원회(2023)

방식으로 통합적, 선제적, 맞춤형으로 제공한다, ② 개인정보를 보호하고, 안전하고 신뢰할 수 있는 이용환경을 보장한다, ③ 모든 국민이 언제 어디서나 편리하게 디지털 서비스를 이용할 수 있도록 보장한다, ④ 부처 간 칸막이를 없애고, 모든 데이터가 연결된 디지털 플랫폼으로 하나의 정부를 구현한다, ⑤ 행정 프로세스를 디지털 중심으로 재설계하고, 조직문화 및 인사제도까지 혁신한다, ⑥ 공공데이터는 사람과 인공지능 모두 읽을 수 있는 방식으로 전면 개방한다, ⑦ 정부는 인공지능 · 데이터 기반으로 정책 결정을 과학화한다, ⑧ 국민과 함께 혁신하고 민관이 함께 성장하는 혁신생태계를 조성한다, ⑨ 디지털 모범국가로 국제사회에 기여하는 '디지털 플랫폼 정부'를 만든다.

사회복지 분야에서는 복지 사각지대 해소를 위해 다음의 5가지 과제가 중점적으로 추진되고 있다: ① 누구나 쉽게 도움을 요청할 수 있도록 '전 국민 복지위기 알림 · 신고체계'를 마련한다, ② 위기 발생 전 위기가구를 찾아가는 복지서비스를 개발한다, ③ 발굴 · 상담 · 공감 관리형 인공지능 복지도우미를 도입하여 복지 현장 인력의 행정력을 절감하고 복지서비스의 질을 향상시킨다, ④ 독거노인 등 취약계층 대상 인공지능 돌봄서비스를 적극 지원한다, ⑤ 인공지능 기반 취약계층 아동 · 청소년의 성장을 지원한다. 이러한 계획의 성공적 추진을 위해 정부 내 데이터 정보화 부서의 위상을 제고하고, 담당 공직자의 디지털 역량을 강화하며, 예산 편성 및 집행에서 우선순위를 높이는 등의 대책이 포함되어 있다. 좋은 성과가 있어 한국이 디지털 복지 분야에서도 국제무대에서 선도적 역할을 할 수 있기를 기대해 본다.

② 복지와 일자리의 선순환 달성

스마트복지 구현의 두 번째 방법은 복지와 일자리의 선순환 구조를 만드는 것이다. 복지와 일자리를 연계하는 '일자리 복지(Workfare)'는 다수의 복지선진국에서 복지혜택이 너무 후하기 때문에 일을 하려 하지 않고 실업수당 또는 공공부조만으로 생계를 유리하려고 한다는 비판에서 비롯하였다. 영국에서 1980년대 중반 실업자와 취업자의 실질소득을 분석한 연구보고서에 의하면 실업수당과 각종 복지수당을 포함하는 경우 실질소득 측면에서 취업자가 실업자보다 더 나을 것이 없다는 결과가 발표됨으로써 사회적으로 큰 충격을 주었다. 이에 1997년 집권한 토니 블레어 노동당 정부는 '복지를 위한 새로운 계약(New Contract for Welfare)'을 발표하면서 취약계층별 '일자리 뉴딜사업'을 추진하였는데, 그 내용은 다음과 같다: ① 실직자는 직업상담사의 도움으로 6개월간 새로운 직장을 구하거나 이에 필요한 교육훈련을 받아야 하며, ② 첫 단계에서 직장을 구하지 못한 경우에는 또 한 차례의 구직 및 교육훈련 과정을 거치게 된다. 청년이 대상인 청년 뉴딜사업에 더해 한부모 뉴딜사업, 장애인 뉴딜사업, 그리고 장기실업자 뉴딜사업 등을 추진하였다. 일자리 뉴딜은 많은 실업자를 노동시장으로 편입시키고 실직자의 복지 의존을 완화하는 데 크게 기여하였다는 평가를 받고 있다. 예를 들어, 2001년까지 다양한 뉴딜 프로그램을 통해 약 50만 명이 새로운 일자리를 얻었으며, 청년 장기실업자 수를 40% 축소시키는 결과를 가져왔다고 영국 정부는 추계하고 있다.

이러한 블레어 정부의 복지개혁은 엔서니 기든스(Anthony Giddens)의 '제3의 길(The Third Way)'[8]에 이론적 기반을 두고 있다. '제3의 길'은 좌우 이념대립을 넘어 세계화, 생태주의, 시민사회의 변화 등에 적용할 수 있는 새로운 이념을 구축한다는 차원에서 제시되었으며, 복지를 소비적 성격의 최소 소득보장이라는 소극적 차원에서 벗어나 일자리를 통해 새로운 성장동력을 만들

8 Anthony Giddens(1998)

어내는 '사회투자(Social Investment)'로 인식한다는 점에서 발상의 대전환이라고 할 수 있다. '제3의 길'은 기본가치로 다음의 세 가지를 강조한다[9]: ① 모든 사람에게 자기계발과 경제적 발전에 필요한 기회를 제공한다, ② 복지수혜자들은 자신이 할 수 있는 범위 내에서 책임을 다해야 한다, ③ 기회균등과 시민의 책임이 공존하는 사회로서 공동체는 기회와 책임의 결과이자 수단이 되기도 한다. 또한 '제3의 길'은 다음의 네 가지를 주요 정책수단으로 활용한다: ① 기회균등을 통한 형평성을 제고한다, ② 근로능력이 있는 복지수혜자는 반드시 취업을 위한 교육 및 훈련을 받아야 한다, ③ 공공서비스의 효율성 제고를 위해 민간위탁을 포함한 다양한 방법을 모색한다, ④ 제3섹터와 사회적 경제의 중요성을 부각시키고 이를 집중적으로 육성한다.

영국의 '일자리 복지' 개념은 그 후 전 세계로 확산되었다. 한국도 1998년 반곤층 지원을 위한 '생활보호법'을 '국민기초생활보장법'으로 개편하면서 '일자리 복지' 개념을 적용해 다양한 자활사업을 전개하고 있다. 자활사업은 참여자의 능력에 따라 단계별로 ① 자활 사례 관리, ② 자활 근로 및 취업 지원, ③ 자활기업 직업 알선 및 창업 지원 프로그램 등을 지원하고 있다. 당장 취업이 곤란한 사람은 보건복지부가 주관하는 자활사업 대상이 되고, 노동시장 진입이 바로 가능한 대상은 고용노동부의 '취업성공패키지' 사업에 배치된다.

한국에서 자활사업은 지난 20여 년간 꾸준히 발전해서 지금은 나름대로 본궤도에 올랐다고 할 수 있다. 그러나 문제는 각종 복지사업은 보건복지부 소관으로 실제 집행은 지방정부가 담당하는 반면, 직업훈련 및 취업알선 사업은 고용노동부가 집행까지 관장하는 데 따른 행정상 혼란과 비효율이다.

---

9 Jane Lewis and Rebecca Surrender(eds)(2004)

이를 해소하기 위해 2013년에 고용노동부, 행정안전부, 보건복지부, 여성가족부 등이 합동으로 '고용복지플러스센터'를 설치해 실업급여, 복지 상담, 신용 회복 상담 등 여러 부처와 관련된 서비스를 이곳에서 제공하고 있다.

복지와 고용이 선순환을 이루는 두 번째 성공사례는 덴마크의 '유연안정성(Flexicurity) 정책'이다. 노동시장에서 높은 수준의 유연성과 보장성을 동시에 추구하는 모델인 '유연안정성 정책'은 크게 다음의 세 가지로 구성된다: ① 신축적인 노동시장, ② 높은 수준의 사회보장제도, ③ 적극적인 '노동시장 정책(Active Labor Market Policy: ALMP)'. 이는 사용자가 시장 여건의 변화에 따라 해고와 고용의 유연성을 신축적으로 갖도록 하고, 근로자는 국가 부담으로 소득보장과 재고용의 안정성을 확보함으로써 양측의 수용가능성을 높이는 윈-윈 모델이라고 할 수 있다. 이는 사회민주주의 철학을 기초로 한 덴마크의 복지국가 건설 과정에서 국가-사용자-근로자 간 합의를 바탕으로, 지난 100여 년간 발전되어 온 모델이다. 덴마크는 1899년 노사 간 대타협을 통해 이른바 '노동시장헌법'에 합의한 바 있는데, 이는 오늘날 덴마크의 유연안정성 모델의 근간을 이루고 있다. 이러한 유연안정성 정책은 유럽집행위원회(European Commission)에 의해 유럽연합(EU)의 고용정책으로 채택됨으로써 이제는 대다수 유럽국가에서 경제위기에 대응하는 기본 정책으로 활용되고 있다.

유연안정성 정책의 내용은 다음의 세 가지로 요약할 수 있다. 첫째, 근로자를 자율적으로 채용하고 해고하는 것을 사용자의 고유한 권리로 인정한다. 따라서 기업은 최소한도의 통보 기간만 지키면 큰 부담 없이 근로자를 해고할 수 있다. 그래서 덴마크에서는 전체 일자리의 10% 이상이 매년 사라지고, 비슷한 수준의 새로운 일자리가 창출되어 신규 채용 기회를 제공한다. 이런 과정에서 노동인구의 29%인 80만 명이 매년 실업을 경험하지만, 대부분 구직 과정을 거쳐 재취업한다. 둘째, 실직자는 지역 노동사무소에 실직 등록을 하면 적격 심사를 거쳐 배우자의 소득과 관계없이 실업보험기금으로부터 실업급여를 받는다. 실업급여 수준은 근로자의 경우 최종 3개월 평균 급여의 90% 수준으로 매우 높게 책정되어 있다. 실업급여 수급기간은 4년으로, 최초 1년은 소극적 재취업 노력 기간이고, 다음 3년은 적극적인 재취업 기간이다. 실업 후 4년이 경과하였으나 재취업에 실패한 경우에는 지방자치단체가 기초생활보장금을 지원한다. 셋째, 실업이 발생하면 정부가 적극 개입해 재취업을 유도하는 '적극적 노동시장정책'은 1980년대 이후 개발되었다. 실직 후 1년간 법적 재취업 노력은 실업 등록 및 노동사무소의 구직 주선 활동에 응하는 소극적인 수준이다. 그러나 실직 2년 차부터는 노동사무소가 제공하는 취업프로그램에 의무적으로 참여해야 한다. 이와 함께 실업자와 고용안정기관이 개인별 재취업 계약을 체결함으로써 실업자의 적극적인 노력 의무를 제도화하고 있다.

덴마크에서는 유연안전성 정책이 오래전부터 이루어진 노사 간 대타협에 기초를 두고 있으나, 우리는 그런 전통이 없기 때문에 이를 그대로 적용하기는 어려울 것으로 판단된다. 한국에서는 한국노총과 민주노총이 치열한 주도권 경쟁을 하고 있고, 일제강점기로 거슬러 가는 민주노총의 뿌리는 좌파 이념에 기초한 계급투쟁이기 때문에 노사 간 대화와 협력 분위기를 조성하기가 쉽지 않다. 노사협력 부문에서 세계경제포럼이 조사한 141개국 중 한국이 130위를 차지하는 근본 이유도 바로 이처럼 불행한 역사적 사실에 기인한다고 생각된다. 그러나 복지와 고용이 선순환하는 새로운 시대를 열어가기 위해서는 하루속히 우리 실정에 맞는 유연안정성 모델을 만들어가는 노력을 적극적으로 전개해야 할 것이다. 이를 위해서는 노동시장의 유연성 제고를 위한 법 개정에 앞서 노사분규 과정에서 법질서가 엄정하게 지켜지는 관행부터 정착시켜야 할 것이다. 그다음 과제는 노사정위원회를 통해 노동시장의 유연성을 제고하는 법 개정과 동시에 실업수당 대상을 확대하고, 그 내용도 개선하는 등의 사회안전망 확충 방안을 동시에 마련하는 것이다. 이 과정에서 앞에서 언급한 덴마크의 유연안정성 정책은 우리에게 좋은 참고자료가 될 수 있을 것이다.

2008년 장기요양보험제도가 실시된 이후 사회복지서비스산업은 이제 일자리 창출의 보고(寶庫)로 부각되고 있다. 예를 들어, 부가가치 10억 원당 고용유발계수가 전체 산업 평균이 7.4명인 반면, 사회서비스는 11.0명이고 사회복지서비스는 무려 26.4명인 것으로 한국은행은 추정하고 있다. 따라서 윤석열 정부는 사회서비스를 복지 증진과 일자리 창출을 동시에 도모할 수 있는 전략산업으로 육성하는 계획을 수립 · 추진하고 있다. 그 내용을 살펴보면, 첫째, 사회서비스 대상자를 취약계층에서 중산층으로 확대하고, 둘째, 서비스 내용을 단순 돌봄에서 다양한 서비스가 추가된 융합형 돌봄으로 다양화하며, 셋째, 서비스 공급시장에 경쟁원리를 도입해 민간 공급자의 역량 강화와 더불어 서비스 품질 제고를 도모하고, 넷째, 디지털 기술 도입, R&D 확대, 투자펀드 조성 등으로 사회서비스 산업 고도화의 기반을 조성하며, 다섯째, 이 모든 것을 뒷받침하기 위해 사회서비스원을 사회서비스 진흥기관으로 확대 · 개편한다는 것이다. 이러한 조치를 통해 사회서비스 분야에서 2027년까지 60만 개의 새로운 일자리를 만든다는 것이 정부의 정책 목표다.

사회금융을 활용해 사회적 기업가와 사회적기업을 육성하고, 이 과정에서 사회혁신을 도모하는 것은 복지와 일자리의 선순환을 이룰 수 있는 또 하나의 방법이라고 할 수 있다. 사회금융(Social Finance)은 사회문제를 해결하기 위해 활동하고 있는 제3섹터나 사회적기업에 필요한 재원을 투융자 및 금융서비스를 통해 자본을 조성하고, 기업 · 프로젝트 · 연구 · 교육 등을 지원하는 복합적인 금융을 의미한다. 사회금융은 금융산업의 전통이 강한 영미권에서 가장 발달되어 있다. 영국에서는 정부 차원의 강한 의지에 힘입어 발전한 반면, 미국에서는 정부의 역할은 미미한 수준에 그치고 월가의 투자은행과 실리콘밸리의 벤처캐피털의 전통을 기반으로 순수 민간 차원의 활동이 주류를 이루고 있다.

영국에서 사회금융육성정책은 2000년에 블레어 수상 산하 '사회투자특별위원회(Social Investment Task Force)'를 구성하면서 본격화되었다. 영국에서는 사회금융특별위원회의 건의를 바탕으로 지역개발벤처기금이 마련되었고, 사회적기업에 보조금을 주거나 시장보다 유리한 조건으로 자금을 빌려주는 다양한 형태의 기금이 운영되고 있다. 그리고 2010년에는 사회적 성과에 따라 정부 지원을 달리하는 사회성과채권(SIB: Social Impact Bond) 사업이 개발되었고, 이를 관장하는 Social Finance가 설립되었다. 또한 각종 사회금융기관을 재정적으로 지원하기 위한 Big Society Capital도 정부와 민간은행의 공동출자로 출범하였다.

그러나 한국에서의 사회금융시장은 아직 초보적인 단계에 머물러 있다. 중앙정부 차원에서는 고용노동부가 사회적기업 투자펀드를 마련해 이를 금융전문기관이 관리하고 있고, 지방정부로는 서울특별시가 사회투자기금을 조성해 운영하고 있다. 그리고 2008년에 설립된 미소금융은 지원 대상이 사회적기업이 아니라 서민이라는 특징을 갖고 있다. 2003년에 설립된 사회연대은행 역시 창업 및 사회적기업 경영지원사업을 전개하고 있으나, 그 규모가 적다는 취약점이 있다. 또한 한국에서 성과연동채권(SIB)은 서울특별시와 경기도에서 시도되어 나름 좋은 성과를 거두었으나, 영국에서와 같이 활성화되지는 못하고 있다.

한국에서 사회금융시장이 활성화되기 위해서는 영국과 같이 공공부문의 적극적인 관심과 지원이 불가피하다고 판단된다. 그 시발점으로 전문가 중심의 태스크포스를 구성 · 운영하고, 사회금융 분야에 대한 연구와 국제교류를 수행할 수 있는 전문기관의 설립도 적극 검토해야 할 것이다. 아울러 중앙부처와 지방정부가 주도하는 특수 목적의 사회투자기금의 조성도 활성화하고, 사회적기업에 대한 지원도 현재의 직접적 방식에서 사회금융시장을 통한 간접적 방식으로 전환할 것을 적극 건의한다. 이러한 첫 단계 조치들이 이루어지면 정부와 대기업 그리고 금융기관들이 함께 참여하여 각종 사회금융기관을 지원하는 영국의 Big Society Capital과 같은 대형 사회금융기관을 설립하는 방안도 검토해야 할 것이다.

③ 효율적 사회복지 전달체계 구축

스마트복지를 달성할 수 있는 세 번째 방법은 보건과 복지 부문 간 연결고리를 확실히 하고, 공급자 중심으로 다기화되어 있는 전달체계를 수요자 중심의 통합적 체계로 개편하는 등 사회복지 전달체계의 효율화를 도모하는 것이다. 우리나라의 사회복지제도는 1960년대 초 이후 '제도 도입기'와 1970년대 후반 이후 지금까지 제도 성숙기를 거치면서 복지선진국 수준에 도달했으나, 종합적인 중장기 전략보다는 당시 정치 · 사회적 상황에 정치권과 정부가 대응하는 형태로 진행되었기 때문에 ① 공급자 중심으로 다기화되어 있어 사업 간 연결고리가 약하고, ② 수요자 중심의 통합적 서비스 제공 부재로 수혜자가 느끼는 복지체감도가 낮으며, ③ 과다한 행정비용은 물론 중복 지원과 사각지대 문제가 동시에 발생하는 취약점을 안고 있다. 따라서 사회복지 전달체계를 수요자 중심으로 그리고 통합적으로 개편함은 물론, ICT 및 AI 기술을 효과적으로 활용하는 보다 효율적 전달체계를 새롭게 구축하는 것은 현재 사회복지 분야가 당면한 최대 현안이라고 할 수 있다.

지난 2023년 5월 31일 윤석열 정부가 발표한 '지속가능한 복지국가 비전'에는 기존 사회보장제도의 통합관리와 내실화에 대한 강한 정책 의지가 실려있다. 개혁의 목표는 "국민 입장에서 제도를 쉽게 이해하고, 접근성을 높일 수 있도록 유사 · 중복 관리, 누락 · 부족 보완 등 통합관리 노력을 추진한다"는 것이다. 이의 달성을 위해 설정된 개혁의 기본방향은 다음과 같다: ① (국민편의) 국민이 쉽게 인지하고 제때 이용할 수 있도록 복잡한 제도를 단순화하여 제도 이용 편의성을 제고한다, ② (행정 간소화) 부처 · 전달체계 간 협력 강화, 운영 · 절차의 간소화로 서비스 집중도를 높이고 행정비용을 최소화한다, ③ (지출 혁신) 유사 · 중복 관리와 누락 · 부족 보완의 균형적 운영을 통한 '약자복지' 추진 기반을 마련한다. 이에 더해, 다음과 같은 원칙 하에 사회보장제도를 통합 · 관리한다: ① 기능별 · 대상별 중첩 사업은 기능을 중심으로 통합 · 관리하고, 부가사업 운영 시에는 유관부서 간 협업체계를 마련한다, ② 포괄 범위가 가장 큰 사업을 핵심사업으로 설정하고, 핵심사업이 복수인 경우는 공통 요소에 대해 연계 · 협력 방안을 마련한다, ③ 유사 전달체계는 연계 운영하거나, 공동이용 형태로 운영한다, ④ 상담 · 안내의 중심 기관 · 전화 · 홈페이지 중심으로 연계 운영 강화 및 AI 기반 24시간 운영 체계를 마련한다, ⑤ 사회보장제도 전수조사 및 DB 구축 등을 토대로 미협의 사업 파악 및 이행관리를 내실화한다, ⑥ 근거기반 평가체제 구축 및 평가 · 환류 등 사후관리를 강화한다. 이러한 원칙들을 토대로 구체적 실천방안을 '제3차 사회보장기본계획'에 포함해 추진할 계획이다. 차제에 그동안 얽키고 설킨 사회복지 전달체계가 새롭게 정립되어 사회보장제도의 효율성이 높아지기를 기대해 본다.

선진국이든 개발도상국이든 보건의료서비스와 복지서비스의 연계와 융합은 세계적인 추세다. 우선 지원을 필요로 하는 대상자 입장에서 원하는 서비스가 보건과 복지로 명확히 구분되지 않는다. 예를 들어, 심각한 영양실조로 건강이 악화된 아동에게 단계별 수액치료나 영양식 제공을 통한 보건의료서비스가 제공되고 나면, 아동의 지속적인 건강 유지를 위해 안정적인 식량지원 등을 통한 복지지원이 수반되어야 한다. 또한 보건과 복지서비스는 동시에 제공되어야 효율적인 경우가 많다. 특히 개발도상국의 경우 실제로 가용 자원이 부족하여 의료와 복지를 구분하여 제공하는 것이 불가능한 경우가 많기 때문이다. 개발도상국의 경우 우선 시급한 보건의료 전달체계를 구축한 후, 여기에 점진적으로 복지전달체계를 보완하는 방안이 검토될 수 있을 것이다. 이는 한국에서 1990년대 중반 시범사업을 전개한 것과 같이, '보건복지사무소' 체제를 구축해 사회복지 전달체계의 기본으로 삼는 것도 효과적인 전략일 수 있다. 선진국인 핀란드에서도 복지기관과 의료기관은 아포티(Apotti) 사업을 통해 긴밀한 상호협력체계를 구축하고 있다. 한국에서도 앞으로 사회보장체계를 재정비하는 과정에서 복지기관과 의료기관 간 긴밀한 협력체계를 구축하고, 관련 데이터도 연결하여 활용될 수 있도록 해야 할 것이다.

④ 기업활동의 사회적 가치 제고

기업의 사회적 책임(CSR: Corporate Social Responsibility)에 더해 최근 ESG(Environment, Social, Governance) 경영이 전 세계적으로 확산 · 보급됨으로써, 정부 책임으로만 인식되었던 사회복지 분야에서 기업의 역할이 급속히 증가하고 있다. 기업의 사회적 책임(CSR) 활동은 오래전 미국을 중심으로 지속적으로 발전하여 왔다. 하워드 보웬(Howard Bowen)[10]이 1953년 『기업인의

10 Howard Bowen(1953)

사회적 책임』이라는 책을 출간한 이후 CSR 개념은 이론적 그리고 실천적 차원에서 진화를 거듭하고 있다. 1984년 에드워드 프리먼(Edward Freeman)[11]은 기업이 이해당사자 모두를 아우르는 경영을 하는 것이 중장기적 차원에서 기업에 이득이 된다는 '이해당사자 이론(Stakeholder Theory)'을 제시하였다.

CSR 개념은 1953년 보웬(Bowen)이 이에 관한 책을 출간할 당시에는 매우 생소한 개념이었으나, 기업의 사회적 역할이 중요해짐에 따라 1990년 이후부터는 기업경영의 핵심적 가치로 인식되고 있다. 이런 추세를 반영하여 국제표준협회는 2010년 기업의 사회공헌에 관한 국제규정인 'ISO 26000'을 발표하였다. ISO 26000은 책임성, 투명성, 윤리적 행동, 이해당사자 이해에 관한 배려, 법과 규범의 준수, 국제적 행동규범의 존중, 인권 존중 등 7가지 원칙을 강조하면서 인권, 노동 관행, 환경, 공정한 집행 관행, 소비자 문제, 지역사회의 참여와 개발 등을 CSR의 핵심과제로 채택하였다. 2011년에는 포터(Porter)와 크레이머(Kramer)[12]가 제시한 '공유가치창출(CSR: Creating Shared Value)' 이론은 기업이 머리를 잘 쓰면 경제적 가치와 더불어 사회적 가치를 동시에 창출하는 사업을 전개할 수 있음을 강조하고 있다. 기존의 CSR 활동이 기업 이윤의 일부를 사회적 목적으로 사용하는 제로섬(zero-sum) 성격이 강하고 사회기여도 또한 낮은 반면, 기업이 경제적 가치와 사회적 가치를 동시에 창출하는 활동을 전개한다면 플러스섬(plus-sum) 성격이 강해 기업 전체 차원에서 사업을 추진할 수 있기 때문에 사업 규모 역시 제한받을 필요가 없다는 장점이 있다. '제3의 길'이 영국의 진보세력이 내놓은 우파와 좌파를 아우르는 합리적 절충안이라고 한다면, CSR과 CSV는 미국의 보수세력이 내놓

11 Edward Freeman(1984)

12 Michael Porter and Mark Kramer(2011)

은 우파와 좌파 간 타협안이라고 할 수 있다.

최근 국내외적으로 새로운 관심의 대상이 되고 있는 ESG 개념은 유엔과 투자자들의 공동작품이라고 할 수 있다. 유엔은 1992년 브라질 리우데자네이루(Rio de Janeiro)에서 개최된 세계환경회의에서 '지속가능한 발전(Sustainable Development)'을 어젠다로 제시하였다. 환경 문제를 경제개발 초기부터 챙겨야 지속가능한 경제발전을 이룰 수 있다는 것이다. 그 후 1995년 덴마크 코펜하겐(Copenhagen)에서 유엔 사상 처음으로 '사회개발정상회의'가 열리면서 이제까지 경제개발 중심의 국가 운영을 경제개발과 사회개발 간 균형을 잡는 방향으로 전환할 것을 촉구하였다. 그 후 유엔은 2000년에 지속가능발전에 관한 의제를 좀 더 구체화하기 위해 2000년 9월 뉴욕에서 새천년정상회의를 개최하면서 빈곤, 교육, 성평등, 보건, 환경 등 8개 분야에서 '새천년개발목표(MDGs: Millenium Development Goals)'를 채택하였다. MDGs가 실제로 큰 성과를 거두어 국제적으로 좋은 반응을 얻게 되자, 유엔은 그 후속타로 2015년 17개 분야 169개 '지속가능발전목표(SDGs: Sustainable Development Goals)'를 채택하였다. 또한, 이의 진행을 매년 점검 · 평가하는 '지속가능발전 해법 네트워크(SDSN: Sustainable Development Solution Network)'를 구성 · 운영하면서, 그 결과를 매년 보고서 형태로 발간하고 있다. SDSN은 SDGs 성과를 직접적으로 측정하는 'SDG 지표(SDG Index)'와 더불어 이를 간접적으로 측정하는 '행복지수(Happiness Index)'를 개발해 발표하고 있다.

코피 아난(Kofi Annan) UN 사무총장은 1999년 연설에서 기업경영 방침과 실천 원칙을 결합하여 지속가능한 개발과 국제 인권, 노동 및 환경 표준을 촉진하는 제안을 내놓았는데, 이것이 오늘날 국제적으로 ESG 경영의 시발점이 되었다. 그리고 이 연설은 2000년 기업인들의 자발적인 모임인 UN Global Compact의 창설로 이어졌다. UN Global Compact는 기업인들이 세계적으로 인정받는 인권, 노동 및 환경 원칙을 준수하고 이를 보고하는 것을 요구하면서, 지속가능한 경영 및 사회적 책임을 다하기 위해 기업들이 서로 협력하는 조직이다. 한국에서도 기업, 비영리단체 등 280여 기관이 Global Compact Korea에 참여하고 있다. UN Global Compact는 2004년 『남을 배려하는 자가 승리한다(Who Cares Wins)』라는 보고서를 출간하였고, 2006년에는 세계적 투자가들이 모여 다음과 같은 '책임투자원칙(Principles for Responsible Investment)'을 발표하면서 ESG를 자본시장에서 투자자들이 기업을 평가하는 기본 잣대로 사용하겠다는 의지를 표명하였다: ① 우리는 ESG 이슈를 투자분석 및 의사결정 과정에 적용한다, ② 우리는 적극적 주주이며 ESG 이슈를 주주 정책 및 관행에 반영한다, ③ 우리는 투자회사를 통해 ESG 이슈에 대한 적절한 공개를 촉구한다, ④ 우리는 투자 산업 내에서 원칙의 수용과 실행을 촉진하다, ⑤ 우리는 책임투자 원칙 실행에 있어 효율성을 높이기 위해 함께 노력할 것이다, ⑥ 우리는 원칙 이행에 대한 우리의 활동과 진전에 대해 보고할 것이다. 이로써 기업경영에서 환경, 사회 그리고 지배구조를 상징하는 ESG는 기업의 사회적 책임을 평가하는 새로운 잣대로 자리를 잡게 되었다. 이러한 일련의 사태는 21세기가 과거의 경제적 가치 시대를 넘어 사회적 가치 시대로 승화 · 발전하게 되었음을 의미한다. 따라서 기업활동의 사회적 가치 제고는 스마트복지의 또 하나의 새로운 형태가 될 것이다.

ESG 경영에서 환경 분야는 온난화의 폐해가 현실로 나타나면서 국제적으로 이를 규제하려는 시도가 활발히 전개되고 있는 상황에서 그 중요성이 부각되고 있다. 2004년 영국의 비영리기구인 '더 클라이밋 그룹(The Climate Group)'은 2050년까지 기업에서 사용하는 전력의 100%를 재생에너지로 대체하자는 'RE100 운동'을 시작했는데, 2022년 2월 현재 가입기업 수는 349개이고 한국에서는 SK, 삼성전자 등 15개 업체가 이에 가입하였다. 2015년에 열린 'UN 파리기후변화회의'에서 채택된 '파리 협정(Paris Agreement)'은 지구 평균온도 상승 폭을 산업화 이전 대비 2°C 이하로 유지하고, 더 나아가 온도 상승 폭을 1.5° 이하로 제한하기 위해 함께 노력하는 것을 의무화하고 있다. '파리 협정'은 2016년 제26차 '기후변화당사국총회'에서 만장일치로 채택되었고, 현재 탄소 배출의 87%에 달하는 200여 개 국가가 협정에 참여하고 있다. 한국은 2030년까지 전망치 대비 24.4%의 온실가스 감축을 목표로 파리 협정에 동참하고 있다.

그리고 1997년에 설립된 국제기구인 GRI(Global Reporting Initiative)는 전 세계에 통용되는 지속가능보고서에 대한 가이드라인을 제시하고 있다. 또한 미국의 대표적 기업의 CEO로 구성된 'Business Roundtable'은 "기업의 존재 목적은 고객, 근로자, 거래기업, 지역사회, 주주 등 모든 이해관계자의 이익을 극대화하는 것이다"라고 천명하면서, ESG 경영의 중요성을 강조하고 있다. 또한, 세계 최대의 자산운용사인 BlackRock의 CEO 로렌스 핑크(Lawrence Pink)는 최근 연례 서한에서 화석원료 매출 비중이 25%를 넘는 기업들을 투자 대상에서 제외하는 등 자사의 자산운용 과정에서 환경(E), 사회(S), 지배구조(G) 요인을 적극 반영하겠다고 천명하고 있다. 이러한 일련의 활동을 통해 ESG 중 특히 환경은 ESG 경영의 핵심의제로 부상하고 있다. 특히, 주요 산업의 에너지 의존도가 상대적으로 높은 한국에게는 ESG 경영이 앞으로 큰 경제적 부담으로 작용할 가능성이 높기 때문에 이에 대한 면밀한 대비책이 마련되어야 할 것이다.

한국에서도 ESG 경영에 대한 관심은 계속 높아지고 있다. 삼성, LG, 현대자동차, SK, 포스토 등 대기업들은 'ESG 위원회'를 구성 · 운영하면서 지속가능경영 보고서를 매년 발간하고 있다. 또한, 한국기업지배구조원은 국내 900여 개 상장기업을 대상으로 ESG 평가등급을 발표하고 있고, 국민연금은 2021년을 ESG 확산 원년으로 선포하면서 2022년까지 운용자산 50%에 ESG 책임투자 원칙을 적용하겠다고 발표한 바 있다. 한국에서 ESG 경영 바람은 대기업을 넘어 이제는 중소기업과 사회복지기관에까지 확산되고 있다. 그러나 이들 중 상당수는 ESG 경영에 필요한 전문지식과 전문인력이 부족한 상황이기 때문에 이들에 대한 정부와 공공기관 차원의 지원이 절실히 필요한 상황이다.

⑤ 기부 및 자립 문화 등 개인의 사회적 역할 확대

지속가능한 복지국가 건설을 위해서는 기업의 사회적 책임(CSR)에 더해 개인의 사회적 책임(ISR: Individual Social Responsibility) 역시 강조되어야 할 것이다. 개인이 모여 기업이 형성되기 때문에 ISR은 CSR의 기초와 뿌리가 되는 셈이다. 이는 CSR 개념을 처음으로 제기한 하워드 보웬의 책 제목이 '기업'이 아니라 '기업인'의 사회적 책임인 것과 맥락을 같이한다고 하겠다. 그리고 개인의 사회적 책임은 크게 개인의 자선적 행동과 지역공동체를 위한 노력으로 나누어 볼 수 있을 것이다.

인간은 삶의 의미를 찾기 위해 부단히 노력한다. '나는 누구인가, 왜 존재하는가'에 대한 해답을 찾기 위해 선각자는 물론 우리 모두는 나름대로 애쓰고 있다. 그렇기 때문에 인간은 자신이 하는 일이 보람되다는 생각이 들 때 더 큰 동기부여를 받게 되며, 정신적 만족과 일에서의 높은 성과를 동시에 얻게 된다. 삶의 가치를 발견하는 것이 행복과 직결된다는 사실 역시 실증적 연구를 통해 입증되고 있다. 리처드 레이어드(Richard Layard)[13]는 자립, 긍정적 인

13 Richard Layard(2006)

간관계, 내적 성장, 삶의 의미 등 내면적 가치를 존중하는 사람이 외형적이며 일시적인 만족을 추구하는 사람보다 훨씬 더 행복을 느낀다고 주장한다. '그린리프 서번트 리더십(Greenleaf Servant Leadership)' 연구소장인 켄트 키스(Kent Keith)는 사람들이 어디에서 삶의 의미를 찾고 있는가에 대한 해답을 얻기 위한 3,500명을 대상으로 하는 설문조사에서 응답자의 대다수가 권력, 부, 명성보다는 봉사, 기부 등 남을 도와주는 사회공헌 활동을 통해 삶의 의미를 찾고 있다는 사실을 밝혀냈다.

옥시토신(Oxytocin)은 산모가 해산할 때 분만을 촉진시키고 수유를 준비하게 하는 호르몬으로 흔히 '사랑 호르몬'이라고 한다. 옥시토신은 출산 시뿐만 아니라 평상시에도 분비되는데, 상대방에 대한 친밀감과 신뢰감을 높여주기 때문에 '공감 호르몬'이라고도 한다. 영국 옥스퍼드대학 연구팀은 일정 기간 봉사활동을 한 그룹과 개인 취미생활을 한 그룹과 비교한 결과, 전자에서 옥시토신이 더 많이 생성되었음을 발견했다. 이러한 사실은 미국 하버드대학 실험에서도 똑같이 나타났다. 결론적으로, 남을 돕는 봉사활동은 봉사자로 하여금 보람된 일을 했다는 자부심을 심어줌으로써 봉사자 자신의 행복감을 높여준다는 것이다.

2012년 4월 뉴욕 UN 본부에서 반기문 UN 사무총장과 '국가행복(GNH: Gross National Health)' 개념을 처음으로 도입한 부탄의 지그미 틴리(Jigmi Thinley) 수상이 공동으로 주관하는 '웰빙과 행복에 관한 고위급 회의'가 열렸다. 이를 계기로 '세계행복보고서(World Happiness Report)'가 2012년 처음으로 발간되었다. 2021년 세계행복보고서에 의하면 한국의 행복 순위는 95개국 중 50위로 중위권인 것으로 나타났다. 이러한 한국의 행복도 순위는 OECD 회원국 37개국 중 35위로 최하위권에 속한다. 그 이유는 행복의 객관적 요건인 '건강수명', '1인당 국민소득' 등은 대체로 상위권이나 행복의 주관적 요건인 '사회적 지지'나 '삶을 선택할 수 있는 자유' 등이 최하위에 속하기 때문이다. OECD 국가 중 행복도가 가장 높은 나라는 핀란드이고, 덴마크, 네덜란드, 스웨덴 등 북유럽 국가들이 선두그룹을 형성하고 있다. 한국인의 주관적 행복도가 낮은 이유는 세계 57개국을 대상으로 실시되는 '세계 가치관 조사(World Value Survey)'를 분석해 보면 잘 알 수 있다. 예를 들어, '당신에게 가장 중요한 것이 무엇인가'라는 질문에 '경제안정'이라고 대답한 비율이 한국 75.0%로 매우 높다. 또한 "당신은 물질주의자입니까"라는 질문에 긍정적 답변 비율이 한국 54.0%로 매우 높다. 이는 유럽 복지선진국인 프랑스 25.4%, 영국 9.9%, 스웨덴 5.5%보다 월등히 높은 수준이다. 한국에서 비교적 짧은 기간에 경제후진국에서 경제선진국으로 도약한 요인들이 이제는 한국인의 행복감을 떨어트리는 요인으로 작용하고 있음을 알 수 있다. 이는 한국이 세계에서 자살률이 가장 높고 출산율은 가장 낮은 원인에 대한 설명이기도 하다. 한강의 기적을 이룬 높은 교육열과 물질주의적 가치관이 높은 사교육비로 젊은이들이 결혼과 출산을 미루는 요인으로 작용하고 있는 것이다. 이런 상황에서 기부와 자원봉사 활동 등 나눔문화 활성화로 국민적 행복감을 높이는 것은 저출산 등 사회적 난제를 해결할 수 있는 근본적 방법이 될 수 있을 것이다.

"인간은 본성적으로 사회적 동물이다"라는 말은 기원전 328년에 저술된 『정치학(Politics)』에 기록된 그리스 철학자 아리스토텔레스의 말이다. 인간이 만물의 영장(靈長)으로 진화한 이유는 인간의 사회성 때문이라는 것이 인류학자들의 공통된 결론이다. 고대 그리스 철학자들은 시민이 공동의 이익과 정의를 위해 협력하고 대화하는 시민사회를 '좋은 사회'의 동의어로 생각하였다. 시민사회를 처음으로 정의한 로마의 철학자 키케로(Cicero)는 시민의 건전한 시민정신(Civility)을 강조하면서 시민사회는 스스로 공동선을 추구하고 평화를 유지할 수 있다고 말했다. 중세 봉건사회가 시작되면서 시민사회는 역사에서 거의 사라졌으나 르네상스 시대가 열리면서 시민사회와 시민정신은 다시 부활되기 시작했다. 브루스 시버스(Bruce Sievers)[14]는 시민사회를 "사람들이 건전한 시민정신을 바탕으로 자발적으로 공동의 이익을 추구하는 활동 공간"으로 정의하고 있다. 따라서 자선 및 박애를 근간으로 하는 인간의 사회공헌 활동은 시민정신의 가장 중요한 기본요소라고 할 수 있다.

시카고대학 경제학자 라구람 라잔(Raghuram Rajan)[15]은 자신의 저서 『제3의 기둥』에서 사회가 안정된 균형을 이루기 위해서는 정부(State), 시장(Market), 공동체(Community)가 서로 균형적으로 발전해야 한다고 주장하고 있다. 그는 미국 등 대다수 선진국의 역사 발전 과정에서 계속 막강한 권한을 유지해온 '정부'와 산업혁명 이후 영향력이 급격히 커진 '시장'에 비해 '공동체'는 발전이 상대적으로 미약하다는 사실을 지적하면서, 미국을 그 대표적 사례로 지목하고 있다. 따라서 공동체 기능을 강화하는 것은 사회안정을 위해 매우 필요한 시대적 과제가 된다는 것이 그의 주장이다. 우리나라 역시 1960년대 초부터 정부 주도 경제운영을 하면서 정부의 역할이 크게 강화되었고, 민주화 이후에도 사회복지 등의 분야에서 정부 역할은 큰 폭으로 확대되고 있다. 또한 수출시장에서 괄목할 수준의 성공을 거둔 기업이 경제발전의 주축이 되면서, 시장 역시 급신장을 거듭하고 있다. 반면, 도시화가 급속하게 진전되고 아파트가 주거생활의 중심이 되면서 공동체의 기능은 점차 축소되어 가고 있다. 따라서 한국에서도 공동체 기능의 활성화는 우리 사회가 당면한 새로운 시대적 과제가 되고 있다. 이런 관점에서 자원봉사의 활성화는 공동체 기능

14 Bruce Sievers(2010)

15 Raghuram Rajan(2019)

을 강화하는 데 큰 도움이 될 것이다.

우리나라에서 자원봉사 활동은 특히 88 서울올림픽을 계기로 질적 그리고 양적 측면에서 꾸준한 발전을 거듭하고 있다. 예를 들어, '2020 자원봉사 활동 실태조사'에 의하면 2019.7~2020.6 기간 중 자원봉사 활동 참여율은 33.9%로 2017년 21.4%에 비해 크게 상승하였다. 자원봉사 분야의 꾸준한 발전에도 불구하고, 정부와 민간 차원에서 앞으로 해야 할 일은 많다. 그 중 가장 시급한 과제는 현재 다양하게 분산된 자원봉사 관련 공공 및 민간 관리체계를 재정비해 더욱 효율적인 '민관 협력형 거버넌스 체계'를 확립하는 것이다. 2018년에 발표된 '자원봉사 활동 진흥을 위한 제3차 국가기본계획 2018~2022'은 시민의 자율성을 크게 강조하고 있다. 따라서 현재 기초자치단체 소관의 자원봉사센터를 전문기관에 위탁경영하는 체제로 개편해 관 주도의 운영에서 탈피해야 할 것이다. 이와 더불어 법정단체이면서 민간자원봉사 부문을 대표하는 한국자원봉사협의회에 대한 지원을 확대해 주어진 기능을 잘 수행할 수 있도록 해야 한다.

Ⅴ. 국제스마트복지센터(GSWC): 왜 필요한가?

① 복지 분야 개도국 지원 전담기구 부재

유엔과 관련된 조직은 종류가 매우 다양하고 가짓수도 많다. 우선 유엔 사무국 본부는 뉴욕에 있고 뉴욕 본부에는 사무총장실을 포함하여 다양한 부서가 있는데, 그중 사회복지와 관련된 곳은 경제사회국(DESA: Department of Economic and Social Affairs)이다. DESA는 유엔의 핵심부서인 유엔경제사회위원회(ECOSOC: Economic and Social Council)의 활동을 뒷받침해주는 실무 부서이다. DESA는 경제, 사회, 환경, 기술 등의 분야에서 정상회담 등 각종 회의를 실무적으로 주관하는데, 유엔의 핵심 관심사인 SDGs에 관한 각국의 실적을 분석 · 평가하는 것이 DESA의 주요 역할이다. 비정부기구(NGOs)가 유엔으로부터 '협의기구 자격(Consultative Status)'을 획득하는 업무 역시 ECOSOC와 DESA의 업무 영역에 속한다.

ECOSOC 산하에는 8개의 위원회가 있는데, 그중 하나가 사회개발위원회(CSocD: Commission for Social Development)이다. CSocD는 ECOSOC에 의해 선출된 46명의 위원으로 구성되며, 매년 2월 초 주제를 정해 전체회의를 개최한다. 최근 CSocD가 선정한 주제는 저소득층 주택문제, 디지털 전환과 디지털 격차 등이다. CSocD는 1995년 덴마크 코펜하겐에서 사회개발정상회의 개최한 이후 그 역할이 더욱 중요해지고 있다. 현재 유엔이 추진 중인 2025년 제2차 사회개발정상회의 역시 CSocD 소관 업무이다. CSocD는 매년 'World Social Report'라는 보고서를 출간하는데, 2023년 주제는 '고령화되는 세상'[16]이다. 따라서 유엔 기구 중 사회복지와 가장 가까운 부서가 CSocD인 것이다.

유엔 산하에 사회개발 문제를 다루는 다양한 기구 또는 기관들이 존재한다. 예를 들어, UNDP(UN Development Programme)는 지속가능발전과 사회개발 분야 전반에 걸쳐 회원국의 정책 개발 및 집행을 지원한다. UNICEF(UN Children's Fund)는 아동의 권리와 복지 증진 분야를 담당하고, UNFPA(UN Population Fund)는 인구와 관련된 다양한 사업을 지원하며, ILO(International Labour Organization)는 노동과 관련한 다양한 문제와 더불어 사회보장 문제를 다루고, WHO(World Health Organization)는 보건 분야를 중점적으로 취급한다. 그 외에도 교육과 문화 분야를 다루는 UNESCO(UN Educational, Scientific and Cultural Organization), 식량 문제를 담당하는 WFP(World Food Program), 환경 문제를 다루는 UNEP 등이 있으나, 사회복지 분야를 전담하는 유엔 기구는 없다.

1963년 네덜란드가 제공한 특별기금으로 설립된 유엔사회개발연구소(UNRISD: UN Research Institute for Social Development)가 있다. UNRISD는 연구 활동을 통해 사회개발에 관한 주요 문제에 관한 정책 토론에 기여하는 것을 목적으로 하고 있다. 현재는 사회개발 분야에서도 소득분배 문제에 역점

---

16 UN Department of Economic and Social Affairs(2023)

을 두고 있는데,[17] 다른 유엔 기관과는 달리 정책 처방 기조가 매우 진보적이라는 특징이 있다. 연 예산은 2백 50만 달러 수준으로 비교적 적은 규모이고, 자금 조달은 자체적으로 하고 있다. UNRISD 역시 사회복지 문제는 별로 다루지 않는다.

사회복지 분야 NGO로 가장 대표적인 기구로는 국제사회복지협의회(ICSW: International Council on Social Welfare)가 있다. 세계 70여 국가와 9개 지역에 지부가 있는 ICSW는 명실공히 민간사회복지계를 대표하는 국제 NGO다. 국제적십자사 사무총장을 역임한 르네 산드(Rene Sand) 주도로 1928년 설립된 ICSW는 민간 사회복지계를 대표하면서 사회복지와 사회개발 그리고 사회정의 구현 등의 분야에서 국제회의 개최, 전문적 정보의 수집 및 분석 등에 역점을 두고 있다. ICSW는 설립 초기부터 국제사회복지사연맹(IFSW: International Federation of Social Worker)과 국제사회복지대학협의회(IASSW: International Association of Schools of Social Work)와 긴밀한 협력관계를 유지하면서 2년마다 세계사회복지대회(World Social Welfare Conference)를 공동으로 개최한다. ICSW는 유엔 경제사회이사회로부터 '특별협의기구' 지위를 부여받아, 다양한 유엔 기구와 긴밀한 협력관계를 유지하고 있다. ICSW는 ILO의 '최저 수준의 사회보장(Social Protection Floor)' 운동에 동참하고 있으며, 1995년 유엔 사회개발 정상회의 준비과정에서도 적극적으로 참여한 바 있다.

또한 ICSW는 사회복지계를 대표하면서, 인도주의적 가치를 촉진하고 취약계층의 복지 증진을 도모하며, 관련 분야 전문가들과의 교류와 정보교환을 도모하고 있다. 또한 ICSW는 IFSW, IASSW와 공동으로 사회복지 분야 전문지 「International Social Work」를 Sage 출판사를 통해 발간하고, 세계사회

17 UN Research Institute for Social Development(2023)

복지대회에서 발표된 주요 논문을 책자[18] 형태로 출간하고 있다. 특히 2022년에는 코로나 팬데믹 발생 이후 국제사회에서 새로운 주제로 부상하고 있는 디지털 전환이 사회복지 분야에 미치는 영향에 대해 국제컨퍼런스를 개최하였고, 그 결과를 책자[19]로 출간하였다. 한국은 일찍이 1959년에 ICSW에 가입하였는데, 특히 2020년에는 세계회장에 한국인 서상목이 선출되면서 ICSW와 한국 간 인연은 더욱 긴밀해지고 있다. 한국은 2016년과 2022년에 세계사회복지대회를 서울에서 개최한 바 있다. ICSW는 오랜 역사적 전통과 사회복지 분야에서 전 세계에 걸친 방대한 네트워크를 구축하고 있으나, 재정을 회원들의 회비에 의존하는 한계 때문에 매년 한 번 정도의 국제심포지엄을 개최하는 수준의 소극적 활동에 그치고 있다는 것이 아쉬운 점이다.

한국은 2차 세계대전 이후 원조를 받던 나라에서 원조를 주는 나라로 도약한 유일한 국가다. 따라서 국제개발협력(ODA: Official Development Assistance) 분야에서 한국의 역할은 매우 독특하다고 할 수 있다. 그것은 한국의 성공적 개발 경험을 많은 개발도상국에게 전수함으로써 이들이 스스로 자신의 문제를 해결할 수 있는 능력을 키워주는 것이다. 그래서 이제까지 한국 ODA 사업의 핵심은 '한강의 기적'으로 널리 알려진 수출주도 경제성장의 '비법'을 전파하는 것이었다. 환율, 금리 등 경제인센티브 시스템을 수출 활동에 유리하도록 재정비하고, 한국무역진흥공사(KOTRA) 등의 설립·운영 등을 통해 민간기업의 수출 활동을 정부가 간접적으로 지원하며, 대통령이 직접 '수출진흥확대회의'를 주재하고 수출실적이 우수한 기업에 대해 국가가 포상하는 등의 경제발전 지원정책이 그 핵심적 내용이다. 또한 도시와 농촌 간 소득 격

18 Ngoh Tiong Tan and P.K. Shajahan (eds.)(2022)

19 Antonio Lopez, Sang-Mok Suh and Segei Zelenev (eds)(2022)

차 해소를 위해 정부의 적극적 지원으로 추진된 근면 · 자조 · 협동을 기본 정신으로 한 새마을운동 사업 역시 한국 ODA 중 개발도상국으로부터 큰 호응을 얻고 있는 사업이다.

ODA 부문에서 한국은 수원국으로서의 오랜 역사를 지니고 있다. 해방 이후 1961년까지 한국은 전후 복구를 중심으로 UN과 미국으로부터 많은 무상원조를 받았다. 그리고 1961년부터는 ODA의 내용이 긴급구호보다는 경제개발을 뒷받침하는 방향으로 전환되었다. 1966년 한국과학기술연구원(KIST) 설립, 1970년 경부고속도로 완공, 1973년 포항제철 준공 등이 그 대표적 사례다. 한국이 해방 이후 1990년대 후반까지 지원받은 ODA 규모는 127억 달러에 달한다. 국제사회로부터 이와 같은 적극적 지원에 힘입어, 한국은 1960년 초 이후 연 10%의 경제성장과 더불어 산업구조의 고도화를 동시에 이룩할 수 있었다. 그 결과 한국은 1996년에 선진국 클럽으로 알려진 OECD(Organization for Economic Cooperation and Development)에 가입하였고, 2010년에는 OECD DAC(Development Assistance Committee) 회원국이 됨으로써 국제사회에서 명실공히 원조공여국으로 인정받게 되었다.

2010년 OECD DAC 가입을 계기로 ODA 분야를 법적으로 뒷받침하는 '국제개발협력기본법'이 제정되었고, 국무총리 산하의 '국제개발협력위원회'는 ODA 관련 정책을 심의 · 결정하는 법정기구가 되었다. 1987년 대외경제협력기금(EDCF: Economic Development Cooperation Fund) 설치와 1991년 한국국제협력단(KOICA: Korea International Cooperation Agency) 설립을 계기로 활성화되기 시작한 한국 ODA는 2023년 현재 그 규모가 4조 7,771억 원에 달하게 되었다. 이를 국제적으로 비교해보면, ODA 규모는 2021년 현재 28.6억 달러로 29개 DAC 회원국 중 15위이고, ODA/GNI 비율은 0.16%로 DAC 회원국 중 25위로 지난 10여 년간 가파른 상승세에도 불구하고 아직도 상대적으로 낮은 수준에 머물고 있다. 따라서 우리나라의 경제 규모가 세계 10위 수준임을 감안할 때, ODA 규모 역시 이에 걸맞는 수준으로 확대해야 하는 과제를 안고 있다.

한국 ODA의 내역을 살펴보면, 양자협력 대 다자협력 비율은 77:23으로 양자협력이 대종을 이루고, 지역별로는 아시아가 38.5%로 가장 높고, 다음은 아프리카 19.4%, 중남미 7.5%, 중동 4.1%, 오세아니아 0.7% 순이다. 그리고 분야별 분포는 교통 13.1%, 보건 12.9%, 인도적 지원(11.0%) 순이고, 사회복지 분야는 거의 전무한 상태이다. 그리고 ODA 형태별 분포를 살펴보면, 프로젝트가 67.2%로 다수를 차지하고, 다음은 프로그램 14.4%, 연수사업 4.3% 순이다.

정부는 2020년에 '대한민국 ODA 백서'를 발간한 데 이어 2021년에는 '제3차 국제개발협력 종합기본계획'을 확정 · 발표하였다. ODA 기본전략에 관한 핵심 내용은 다음과 같다. 제4차 기본계획은 "협력과 연대를 통한 글로벌 가치 및 상생의 국익 실현"이라는 비전과 "포용적 ODA, 상생하는 ODA, 혁신적 ODA, 함께하는 ODA"를 4대 전략목표로 설정하고 있다. 이러한 목표를 구현하기 위한 기반 조성을 위해 ① 생태계 조성을 통한 지속성, ② 성과관리와 정보공개 강화를 통한 책무성, ③ 추진체계 혁신을 통한 효율성을 강조하고 있다. 이를 위해 2020년 '국제개발협력기본법'의 전면 개정을 추진하였다.

윤석열 정부는 팬데믹 등 새로운 국제환경 변화와 새 정부의 ODA에 대한 강한 의지를 담은 '다자협력 추진전략: 2022~2026'을 2022년 11월 발표하였는데, 그 내용은 다음과 같다. 첫째, '세계 10위권 ODA 국가로 도약'을 첫 번째 과제로 제시하는 등 ODA 사업의 양적 · 질적 개선에 대한 정부의 강력한 의지가 담겨 있다. 이를 위해 한국 ODA 규모를 현재 15위에서 10위 수준으로 확대할 것이라고 한다. 둘째, 선택과 집중 전략을 구사해 ODA의 효율성과 효과성을 제고한다는 것이다. 이를 위해 한국이 비교우위가 있는 보건 · 복지, 교육, 혁신 · ICT 등의 분야에 ODA 사업을 집중하고, 사업 규모의 대형화도 도모한다. 예를 들어, '한국형 디지털 ODA 모델'을 개발해 이를 브랜드화함으로써 개도국 발전에 실질적 임팩트가 크도록 한다는 것이다. 셋째, 시민사회 그리고 기업과의 협업을 통해 '협력의 힘(collective impact)'이 발휘될 수 있도록 하는 것이다. 이런 차원에서 GSWC가 추진하는 스마트복지 사업을 전자정부 및 ICT 인프라 구축사업과 연계하여 추진한다면, 앞에서 언급한 정부 ODA 전략을 실제로 구현시키는 계기가 될 수 있을 것이다.

② 국제스마트복지센터(GSWC) 설립

새천년을 맞이하면서 국제적으로 국가발전 패러다임이 경제성장 중심에서 '지속가능발전'으로 바뀌었다. 지속가능발전은 크게 다음의 세 가지로 나누어 볼 수 있다. ① 성장과 분배가 조화를 이루는 '포용적 성장', ② 기업의 수익성에 더해 환경(E: Environment), 사회적 배려(S: Social) 그리고 지배구조(G: Governance) 모두를 고려하는 'ESG 경영', 그리고 ③ 지속가능한 복지국가 건설에 필요한 '스마트복지' 구현.

지난 코로나 팬데믹 과정에서 복지에 대한 수요는 폭발적으로 증가한 반면, 어려운 경제적 여건으로 인해 각국의 대응능력은 오히려 감소하였다. 따라서 복지시책과 복지프로그램의 효율성과 효과성을 강조하는 스마트복지에 대한 기대는 더욱 커질 수밖에 없다. 이러한 시대적 상황을 반영하여 필자가 제안하는 '국제스마트복지센터(GSWC: Global Smart Welfare Center)'는 다음의 다섯 가지 기능을 수행한다: ① 각 국가 실정에 맞은 '맞춤복지' 실현, ② ICT

를 활용한 '스마트복지' 구현, ③ 보건과 복지의 연계 등을 통한 '통합적이고 효율적인 복지전달체계' 구축, ④ 일자리 창출 등을 통한 '지속가능한 복지생태계' 구축, ⑤ '나눔 및 자립 문화' 생태계 조성.

이러한 기능을 효과적으로 수행하기 위해 GSWC는 첫째, 스마트복지와 관련된 주요 이슈 발굴 및 이에 대한 연구를 수행하고, 둘째, 복지 분야 현장 실무자와 정책담당자를 위한 스마트복지에 관한 연수프로그램을 개발 · 보급하며, 셋째, 스마트복지와 관련한 국제컨퍼런스를 개최하고 국내외 관계기관과의 연계 · 협력을 도모해야 한다. GSWC는 처음에는 국제사회복지협의회(ICSW) 자매기구로 출발하여, 2년 내 유엔경제사회이사회 특별협의기구 지위를 획득하고, 궁극적으로는 '국제백신연구소'와 같이 유엔 산하 사회복지 분야 전문기구로 발전하는 것을 목표로 하고 있다.

이러한 활동을 통해 GSWC는 다음 세 가지 비전과 사명을 수행한다. 첫째, 스마트복지라는 새로운 복지 패러다임을 구체화하고 이를 국내외적으로 전파한다. 이에 더해, 복지와 경제가 선순환을 이루는 새로운 국가운영 패러다임을 개발 · 확산한다. 둘째, 사회복지 분야의 국제협력체계 강화에 기여함으로써 이 분야 국제협력 전문기관으로서의 위상을 확립한다. 셋째, 우리나라 사회복지모델의 우수성을 널리 알리고, 스마트복지와 관련된 국내외 선진복지제도를 개발도상국에 전파함으로써 한국이 국제협력 분야에서 리더십을 발휘하는 데 기여한다.

참고문헌

김창욱 외(2018), 『복지와 테크놀로지』, 양서원.

디지털 플랫폼 정부위원회(2023), 『디지털 플랫폼 정부 실천계획』.

서상목(2013), 『웰페어노믹스: 지속가능한 자본주의와 복지국가의 길』, 북코리아.

서상목(2018), "4차 산업혁명과 사회복지 4.0", 『사회복지 4.0: 사회혁신과 지역복지공동체』, 한국사회복지협의회.

서상목(2019), "왜 가치 창출 사회공헌인가", 『가치를 창출하는 사회공헌』, 한국사회복지협의회.

서상목(2020), 『균형의 시대: 포스트 코로나19 시대의 새로운 경제 · 복지 패러다임』, 이담북스.

서상목(2020), "경제적 가치 시대를 넘어서", 『사회적 가치 시대를 연다』, 한국사회복지협의회.

서상목(2021), "'행복한국' 만들기, 왜 그리고 어떻게 해야 하나?", 『행복한국 만들기와 자원봉사』, 한국사회복지협의회.

서상목(2022), "성장과 분배의 선순환", 『복지와 경제의 선순환: 포스트 코로나 시대의 새로운 국가발전 패러다임』, 한국사회복지협의회.

장영신, 이선우, 강충경, 이윤정, 한은희, 박영란(2022), 『사회복지 4.0: 디지털 전환과 스마트복지』, 한국사회복지협의회.

Howard Bowen(1953), 『Social Responsibilities of Businessmen』, University of Iowa Press.

Denmark Government(2016), 『A Stronger and More Secure Digital Denmark: Digital Strategy 2016~2020』.

Edward Freeman(1984), 『Strategic Management: A Stakeholder Approach』, Pitnam

Press.

Anthony Giddens(1998), 『The Third Way: The Renewal of Social Democracy』, Cambridge Press.

Neil Gilbert(1989), 『The Enabling State: Modern Welfare Capitalism in America』, Oxford Press.

Richard Layard(2006), 『Happiness: Lessons from a New Science』, Penguin Press.

Jane Lewis and Rebecca Surrender(eds.)(2004), 『The Welfare State Change: Towards a Third Way』, Oxford Press.

National Institute for Health and Welfare(2019), 『E-health and E-welfare of Finland, Check Point 2018』

Nordic Center for Welfare and Social Issues(2010), 『Welfare Technology』.

OECD(2021), 『The Long Game: Fiscal Outlooks to 2060 Underline Need for Structural Reform』.

Antonio Lopez Palaez and Gloria Kirwan(eds.)(2023), 『The Routledge International Handbook of Digital Social Work』, Routledge Press.

Antonio Lopez Pelaez, Sang-Mok Suh and Sergei Zelenev(eds.)(2023), 『Digital Transformation and Social Well-being』, Routledge Press.

Michael Porter and Mark Kramer(2011), "Creating Shared Value: A Wave of Innovation and Growth", Harvard Business Review.

Raghuran Rajan(2019), 『The Third Pillar: How Markets and the State Leave the Community Behind』, Penguin Press.

Bruce Sievers(2010), 『Civil Society, Philanthropy and the Fate of Commons』, Tufts University Press.

Sang-Mok Suh(2024), "Welfarenomics: Inclusive Capitalism", 『The Korean Welfare State』, Oxford Press.

Ngoh Tiong and P. K. Shajahan(ed.)(2022), 『Remaking Social Work for the New Global Era』, Springer Press.

UN Department of Economic and Social Affairs(2023), 『Leaving No One Behind in an

Aging World: 2023 World Social Report』.
UN Research Institute for Social Development(2023), 『Crises of Inequality: Shifting Power for a New Eco-Social Contract』.

제 2 장

디지털 복지국가: 우리나라의 실험과 개도국에의 시사점

김수완 *

* 강남대학교 사회복지학과 교수, 정부 사회보장위원회와 저출산고령화위원회 위원

Ⅰ. 들어가며: 복지를 위한 기술의 역할[1]

이 글은 디지털 복지국가로서의 한국의 현황을 소개하고, 발전을 위한 과제를 도출하고 개도국에의 시사점을 찾고자 함을 목적으로 한다. 일반적으로 기술은 사회적 편익과 가치를 높인다는 점에서 공공재(public good)로서의 특징을 지닌다고 할 수 있다. 따라서 어떠한 기술의 사회적 편익이 매우 크더라도, 공공재의 특성으로 충분한 이윤을 확보할 수 없다면 시장에서는 필요한 기술이 충분히 개발되기 어렵다. 이와 같은 시장실패(market failure)가 발생하는 경우에는 국가가 나서서 필요한 수준만큼의 공공재가 생산되도록 지원할 필요가 발생하는 것이다.

복지 분야에 적용되는 기술이 바로 이러한 특징을 가지고 있다. 첫째, 복지 욕구가 높은 집단은 주로 노인, 장애인, 아동과 같은 취약계층이기 때문에 구매력을 가진 유효수요가 되기 어렵다. 따라서 시장에서는 이들을 위한 복지 서비스가 충분히 제공되지 않는다. 즉 노인이나 장애인은 기술에 대한 잠재된 욕구가 크지만, 이를 구매할 수 있는 수요층은 매우 적기 때문에 시장이

1 이 절의 내용은 강창욱 외(2017). 『복지와 테크놀로지』(양서원) 중에서 저자가 집필한 제2장 복지국가와 과학기술의 일부를 발췌하였음을 밝힌다.

형성되지 않는 것이다. 이런 경우 국가는 정책적 지원을 통해 서비스의 단가를 낮추거나 구매비용을 지원하고 때로는 직접 서비스를 제공하기도 한다.

둘째, 시장은 첨단기술 중심으로 서비스를 개발하여 이윤을 극대화하려는 경향이 있다. 그러나 복지의 관점에서 보면, 이윤 창출이 충분하지 않더라도 적정기술을 활용하여 삶의 질을 높일 수 있는 여지가 매우 많다. 이 경우 적정기술을 통한 삶의 질 향상을 도모하는 서비스는 시장에서 제공되기를 기대할 수 없기 때문에, 국가의 지원을 토대로 사회적 경제 부문에서 제공되도록 하는 것이 바람직할 수 있다.

셋째, 기술 활성화를 위해서는 개별 주체의 노력으로는 부족하며, 충분한 생태계가 구축되어야 한다. 즉 개별 분야별 R&D를 넘어서 생태계 구축을 위한 통합적 대응이 필요한 것이다. 이러한 과정에서 국가의 역할이 필수다. 예컨대 수요자 욕구 기반의 기술개발을 위한 산-관-학 협력이 필요하다. 또한 복지기술이 개발되고 실용화되기 위해서는 연구개발, 생산, 유통, 판매, 서비스 유지 등의 단계가 모두 충족되어야 한다. 이들 전 과정이 체계적으로 연계되고 지원되는 플랫폼을 구축하는 것은 생태계 구축의 대표적인 사례가 될 수 있다.

복지국가는 변화하는 환경 속에서 국민의 복지향상을 위한 기술의 역할을 더욱 적극적으로 주도할 필요가 있다. 세상을 이롭게 하는 선한 공공재인 과학기술을 어떻게 더 많이 만들어낼 것인가? 지속가능한 미래를 위해 과학기술을 어떻게 사용할 것인가? 또한 "기술발전을 통해 더욱 긍정적인 결과를 이끌어내고 변화로 곤란에 빠진 사람들을 돕기 위해 어떻게 해야 하는가?" 이것이 우리가 던져야 할 질문인 것이다.

복지국가가 추구해야 할 기술발전의 방향성을 다음과 같이 제시할 수 있다. 첫째, 인본주의적인 기술발전이다. 즉 인간을 위한 기술을 추구해야 한다는 점이다. 둘째, 노동친화적인 기술발전이다. 이는 자본의 이익을 위한 기술발전, 기술중심적인 발전과는 대비된다. 인간의 노동을 지원하고, 인간을 위한 일자리를 창출하는 방식으로 기술발전이 이루어져야 한다는 것이다. 셋째, 기술발전의 경제적 목표와 사회적 목표의 균형을 이루어야 한다. 그리하여 경제성장 정책을 사회문제 해결과 연결시키고, 사회문제 해결 정책도 경제문제 해결과 연계하여 수립하는 노력이 필요하다. 혁신 주체 차원에서도 '이윤 창출'이라는 경제적 문제뿐만 아니라 환경 · 에너지, 보건 · 복지, 안전, 교육, 위생 등 사회적 문제를 동시에 해결하는 것에 초점을 두어야 한다.

넷째, 이를 위해서는 첨단기술 중심의 산업발전에만 관심을 갖는 것이 아니라, 적정기술을 통해 필요한 수준의 기술을 복지에 활용하려는 균형적 노력이 필요하다. 다섯째, 기술의 유용성과 위험성에 대해 균형적인 이해를 갖고 대응해야 한다. 즉 과학기술은 삶에 편리함을 가져올 수 있지만, 반면에 다양한 위험성을 가지고 있다. 예컨대 컴퓨터가 가져온 놀라운 발전 이면에는 게임 중독, 사회적 관계의 축소 등의 위험성이 공존하는 것이다. 기술의 긍정적인 측면을 극대화하되, 발생할 수 있는 문제를 인지하고 적절히 대응할 수 있어야 할 것이다.

그렇다면 구체적으로 복지를 위해 과학기술은 어떤 역할을 할 수 있는가? 먼저 복지를 위한 기술의 거시적 역할은 복지-성장의 선순환 고리가 될 수 있다는 점이다. 즉 삶의 질 향상을 위한 과학기술은 삶의 질 향상과 신 성장동력의 두 마리 토끼를 잡을 수 있는 전략이 될 수 있다. 대표적으로 덴마크는 인구고령화로 인해 증가하는 노인 돌봄 수요를 충족하기에 부족한 인력을 보완하기 위해 복지기술을 활성화하고자 하고 있는데, 그 효과로써 노인의 삶의 질 향상, 노동 인력의 생산부문 투입, 새로운 산업영역의 창출 등이 논의되고 있다.

또한 기술은 정확한 미래 예측을 통해 현재와 미래의 사회적 위험에 대응할 수 있도록 하며 지속가능성을 확보할 수 있게 해준다. 이는 재난, 재해, 질병, 환경 등의 문제뿐만 아니라, 먹거리나 에너지, 그리고 재정과 복지수요 등에 다양하게 적용될 수 있다. 기술은 양극화와 불평등, 균열을 막는 나눔의 기술로 발전할 때 사회통합에도 기여할 수 있다. 예를 들면 생태친화적 사회를 지향하는 녹색기술혁신이 그것이다. 구체적으로는 유기성 폐기물의 에너지화 사업, 저배출 발전전략, 신재생에너지, 탄소저감 에너지, 그린수송시스템 등을 들 수 있다.

한편, 복지를 위한 기술의 미시적 역할은 크게 경제적 역할, 혁신의 역할, 개인 삶의 질 향상, 작업환경 개선 등으로 제시할 수 있다. 즉 동일한 질의 서비스를 더 저렴하게 공급하여 비용을 절감하고, 공공서비스를 혁신하며, 개인의 독립성과 역량을 향상시켜 독립적 시민으로서의 삶을 누릴 수 있도록 지원하며, 산업재해와 단순 위험작업의 감소와 기능 상실에 대한 보조, 업무 강도의 완화, 작업장에서의 임파워먼트(empowerment) 강화 등 노동 기회와 질을 향상시킬 수 있다.

특히 최근 디지털 변환으로 정부는 대응적이고, 책임성 있고, 신속하고, 효율적으로 작동할 수 있도록 혁신 기술을 활용할 것을 요청받고 있다. 대체로 국가의 소득수준, 정부의 행정력, 복지제도, 기술 혁신력, 민관협력 등 기존의 복지국가 역량이 크고 강할수록 디지털 복지국가로의 성공적 전환 확률이 높아진다고 할 수 있다. 그러나 반드시 그런 것은 아니며, 국가의 전반적 역량이 높지 않은 일부 개발도상국에서 디지털 전환을 경험하기도 한다.

그렇다면 한국에서는 복지를 위한 기술이 어떻게 활용되고 있는가? 이 글에서는 먼저 디지털 복지국가의 현황을 두 가지 차원으로 소개한다. 2장에서는 전자정부(e-government)의 국제 동향과 한국의 전자정부 발전 동향을 살펴

본다. 3장에서는 사회보장 분야의 정보시스템과 기술기반 돌봄서비스의 동향을 다룬다. 4장에서는 디지털 복지국가로서 한국이 풀어야 할 과제와 개도국에의 시사점을 제시한다.

Ⅱ. 디지털 복지국가의 현황: 디지털 공공서비스 동향

① 전자정부의 국제 동향과 한국의 현황

전자정부(e-government)는 정보기술을 활용하여 행정기관이나 공공기관의 업무를 전자화하여 이들 기관 간의 행정업무 또는 국민에 대한 행정업무를 효율적으로 수행하는 정부를 의미하며, 디지털 정부(digital government), 또는 온라인 정부(online government)라고도 부른다. 기술을 활용하여 공공서비스를 제공하는 대표적인 형태라고 할 수 있다.

유엔(United Nations: 이하 UN)은 2002년부터 2년마다 193개 전체 회원국을 대상으로 전자정부에 대한 평가를 실시하고 있다. 평가는 크게 두 가지 지수로 이루어지는데, 전자정부 서비스의 우수성과 활용 여건을 평가하는 '전자정부발전지수(E-Government Development Index: EGDI)'와 온라인을 통한 정책참여 활성화 수준을 평가하는 '온라인참여지수(E-Participation Index: EPI)'를 국가별로 발표한다. 특히 전자정부 발전지수는 디지털 복지국가의 발전 수준을 가늠하고 국가 간에 비교할 수 있는 지표라고 할 수 있으며, 평가 기준은 온라인 서비스 수준, 통신 기반 환경, 인적자본 수준의 3개 분야로, 분야별 결과를 종합하여 전자정부 발전지수를 산정한다.

2022년에 발표된 보고서를 기준으로 세계적인 현황을 살펴보면, 193개 UN 회원국 중 전자정부 발전지수가 글로벌 평균 이하인 국가에 거주하는 인구는 44.3%에 해당한다. 대륙별로 차이가 크게 나타나는데, 유럽대륙은 0.0%, 미주대륙은 10.7%로 매우 낮은 반면, 오세아니아는 92.2%, 아프리카는 94.6%로 매우 높게 나타나고 있다. 아시아는 전자정부 발전지수가 높은 국가와 그렇지 않은 국가가 혼재되어 있어 44.8%로 세계 평균 수준을 보이고 있다.

〈그림 1〉 세계 전자정부 발전지수

출처: UN(2022) 『E-Government Survey 2022, The Future of Digital Government』

그렇다면 한국의 전자정부 발전 현황은 어떠한가? 한국은 전자정부지수가 평가된 2010년부터 7회 연속으로 3위 이내의 순위를 기록한 유일한 국가로 꼽힌다. 2022년 기준으로 한국은 전자정부 발전지수 평가에서 0.9529점(1점 만점)으로, 덴마크(0.9717점), 핀란드(0.9533점)에 이어 세계 3위에 해당한다. 세부 지표를 보면, 한국은 온라인 서비스 수준(3위)과 통신 기반 환경 분야(4위)에서는 수준이 높은 반면, 인적자본 수준(23위)은 상대적으로 낮게 나타나고 있다.

〈표 1〉 전자정부 발전지수 국가별 현황(2022)

2022 순위	국가	전자정부 발전지수 EGDI	온라인 서비스 OSI	통신 인프라 TII	인적 자본 HCI	2020 순위
1	덴마크	0.9717	0.9797	0.9795	0.9559	1
2	핀란드	0.9533	0.9833	0.9127	0.9640	4
3	대한민국	0.9529	0.9826	0.9674	0.9087	2
4	뉴질랜드	0.9432	0.9579	0.8896	0.9823	8
5	스웨덴	0.9410	0.9002	0.9580	0.9649	6
5	아이슬란드	0.9410	0.8867	0.9705	0.9657	12
7	오스트레일리아	0.9405	0.9380	0.8836	1.0000	5
8	에스토니아	0.9393	1.0000	0.8949	0.9231	3
9	네덜란드	0.9384	0.9026	0.9620	0.9506	10
10	미국	0.9151	0.9304	0.8874	0.9276	9

주: EGDI(E-Government Development Index) : OSI, TII, HCI의 평균값
OSI(Online Service Index) : 전자정부 법 · 제도 · 전략, 웹사이트 방문 평가 등/ UN DESA 직접평가
T I I(Telecommunication Infra. Index) : 인터넷 이용률, 이동전화 사용자, 유무선 광대역 가입자 등 / ITU 통계 인용
HCI(Human Capital Index) : 성인 문해율, 취학률, 기대교육년수, 평생교육년수 / UNESCO 통계 인용
출처: UN(2022).

한편, 국내전자정부 이용률은 89.5%로 높은 편인 반면, 60-75세 이용률은 65%로 격차가 크게 나타나고 있다는 점에 주목할 필요가 있다. 이러한 현실은 "디지털 약자와 사각지대의 이용률을 어떻게 높일 것인가"라는 정책적 과제를 제기한다. 반면, 전자정부 발전지수 1위인 덴마크의 경우에는 전 연령대에 걸쳐 전자정부 접근성과 만족도가 매우 높게 나타나고 있다. 공공 디지털 서비스 이용률은 15세 이상이 94%이며, 55~74세의 이용률도 84%이고, 75~89세에서도 76%로 높게 나타나고 있다. 덴마크는 재무부 산하 디지털청에서 단일한 디지털 플랫폼을 운영하고 있으며, 전 국민에게 디지털 ID(NemID)가 부여되고 디지털 격차를 줄이기 위한 정책적 노력이 성공적으로 이루어지고 있다.

② 한국의 공공복지 데이터 기반 시스템(data-driven system) 현황

복지 후발국임에도 불구하고 우리나라는 두드러지게 발전한 IT를 기반으로 행정데이터, 사회보장정보시스템 등 복지정책에 데이터를 적극적으로 활용하며 빠르게 발전하고 있고, 최근에는 더 나은 서비스를 제공하기 위해 데이터를 상호 연결하는 디지털 복지국가로 진입하는 중이다.

사회보장정보시스템

우리나라 공공복지의 데이터화는 사회보장정보시스템의 발전을 중심으로 이루어져 왔다. 2010년 개통된 '행복e음'(사회복지통합관리망), 2013년 범부처 복지사업을 통합한 '사회보장정보시스템'이 그것이다.

〈그림 2〉 사회보장 관련 정보시스템의 발전단계

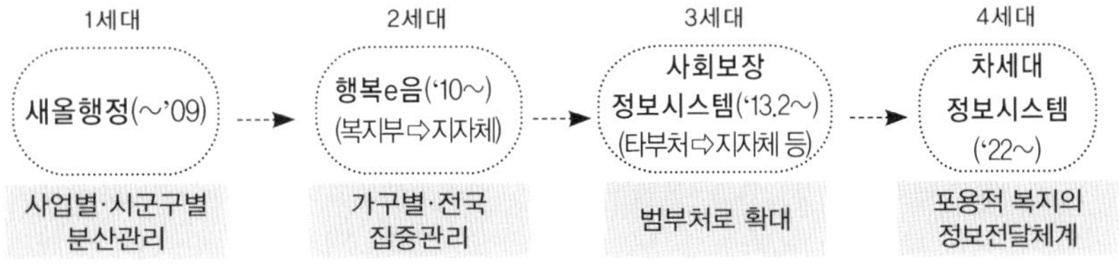

출처: 보건복지부(2019)

행복e음이 처음 구축된 2010년 대비 7년 만인 2017년에 복지사업은 3.5배 증가했으며, 복지예산도 3.8배 증가했다. 더 두드러진 변화는 바로 데이터의 양과 데이터 연계 건수이다. 〈표 1〉에서 보다시피 2010년 대비 2017년 데이터양은 4.7배로 급증했으며, 데이터 연계 건수도 8.2배로 크게 증가했다. 이러한 변화는 정보 전달체계 인프라를 전면적으로 확충해야 할 필요성을 제기하기 때문에, 정부는 차세대 사회보장정보시스템 구축을 적극 추진하고 있다.

〈표 2〉 복지의 데이터화: 사회보장정보시스템을 중심으로 한 변화(2010~2017)

항목	2010	2017	증가율	항목	2010	2017	증가율
복지 대상자(만 명)	700	2,867	4.1배	데이터 양(TB)	14	66	4.7배
복지사업(종)	101	350	3.5배	연계종수(개/종)	27(218)	67(1,788)	8.2배
복지예산(조 원)	20	76	3.8배	온라인 정보이용(만 건) (복지로 월 방문)	16	93	5.8배

주: 관계부처 합동(2021; 최현수, 2019:55에서 재인용)의 내용을 토대로 재구성

2021년 9월 6일에는 차세대 사회보장정보시스템이 1차 개통되었고, 향후 2022년 하반기까지 순차적으로 4단계의 개통이 이루어졌다. 1차 개통은 복지멤버십 일부 및 복지로 개통이 주요 내용이다. 맞춤형 급여 안내(복지멤버십) 제도는 개인의 소득, 재산, 인적 상황을 분석해 받을 수 있는 복지서비스를 선제적으로 알려주는 제도로서, 생계, 의료급여, 기초연금 등 15개 복지사업의 기존 수급자 일부를 대상으로 우선 도입되었으며, 2022년에는 전체 국민으로 대상자를 확대하였다.

이처럼 우리나라에서 복지 관련 데이터 기반 시스템이 빠르게 발전하게 된 원인은 무엇인가? 첫째, 우리나라의 발전된 IT 기술과 전 국민에 대한 행정식별번호(주민등록번호)의 부여에 따라 시스템 구축이 용이했다는 점이 크게 작용했다. 둘째, 공적 서비스에서 기술도입은 정치적으로 중립적으로 여겨져 충분한 정치적 논쟁 없이 정권과 관계없이 지속적이고 점진적인 발전이 이루어져 왔다. 셋째, 데이터 기반 시스템은 기존 방식으로는 해결되지 못한 문제들에 대해 새로운 패러다임을 가능케 한다. 여기서 중요한 것은 기술이 자동적으로 문제를 해결해내거나 패러다임을 전환하는 것은 아니라는 점이다. 오

히려 기술도입은 새로운 문제를 야기하거나 시행착오를 거칠 수밖에 없기 때문에, 이를 해결해나가는 과정이 반드시 필요하다. 거센 사회적 요구가 있을 때에 이에 대응하는 정책적 숙의 과정과 고민을 거쳐 비로소 새로운 패러다임이 제시되는데 기술적 발전이 이를 가능하게 해주었다.

보건복지부는 사회보장정보시스템을 통해 복지급여 집행의 효율성, 투명성 그리고 책임성이 지속적으로 제고되었다는 점을 자체 성과로 지적하고 있다. 이는 기존 연구와 정부가 지적한 사회보장정보시스템의 긍정적인 효과와 맥을 같이한다.

먼저, 복지행정의 효율화의 측면을 살펴보면 다음과 같다. 복지수급자를 개인별 · 가구별로 통합 관리하고 공적 자료를 최대한 연계함으로써 부적정 수급과 사각지대를 줄이고, 시스템을 통한 급여지급을 통해 부패를 원천 차단하며 결과적으로 복지예산이 꼭 필요한 국민들에게 효과적으로 전달될 수 있게 하는 재정효율성을 제고한다는 점이 강조되어 왔다. 보건복지부에 따르면, 시스템 개통 이후 연 2회 소득 · 재산 확인조사와 중복수급자 정비를 통해 1,279,584명의 부적정 수급자를 발견하여 약 2조9천억 원의 재정절감 효과가 나타났다. 한편 사회보장정보시스템(행복e음)은 복지급여자료를 자동 생성하도록 하고 지급과정에서 수정할 수 없도록 함으로써 횡령의 가능성을 차단하고 있다. 즉, 사회보장정보시스템 도입 초기의 강조점은 '부정수급과 부패 방지'에 있었음을 지적하고자 한다.

또한 기존에 사회보장정보시스템을 비판적으로 바라보는 시각에서는 다음과 같은 문제도 제기되었다. 정부가 그동안 사각지대의 발굴을 위한다는 명목으로 정보 열람 범위를 대폭 넓혔으나, 사각지대에 놓인 수급권자를 의미 있는 수준으로 확대시키지 못했고, 오히려 수급자를 촘촘히 '관리'하는 정책을 적극적으로 추진하고 있다는 것이다. 이러한 측면들을 살펴볼 때, 사회보장정보시스템의 초기 발전과정에서, 이론적으로 제기되었던 '국민감시'의 강화와 범주화가 나타날 수 있는 위험성이 있었음을 시사해준다고 할 수 있다.

그러나 긍정적인 측면도 분명 나타나고 있다. 먼저 정보망 간 연계를 통해 효율적인 수급자관리와 자격관리의 표준화가 가능해졌다는 점도 중요한 변화이다. 예컨대 정보망간의 사망정보 공유를 통해 사망신고 지연에 따른 재정누수를 줄이고, 사회보장정보시스템(행복e음)과 사회복지시설정보시스템을 연계하여 시설생계 급여와 보조금을 온라인으로 지급하도록 함으로써 사회복지시설에 대한 급여 및 보조금 지급체계 관리를 투명화하는 것 등이 그것이다.

둘째, 정부에서는 사회보장정보시스템 운영을 통해 지자체의 사회복지 담당 공무원의 업무가 신속하고 편리하게 되었다고 자체평가하고 있다. 정보시스템이 개통되기 이전에는 소득 · 재산 파악을 위한 공적 자료가 충분하지 않아 일일이 조사해야 했고, 급여관리업무도 자동화되어 있지 않아 시 · 군 · 구, 읍 · 면 · 동 복지공무원이 소득 · 재산조사와 급여 관리 등 행정업무에 대한 부담이 컸으며, 파악한 정보가 사업 간에 서로 공유되지 않아 동일 대상자에 대해 중복적으로 소득 · 재산조사를 실시해야 했다면, 시스템 개통 이후 공적 자료의 연계를 강화하여 소득 · 재산조사에 소요되는 시간이 감소되고 행정업무에 대한 부담이 경감되었다는 것이다.

또한 사회복지정보화는 '이용자'의 편리성을 증진시킨다. 실제로 우리나라에서도 사회보장정보시스템 도입 이전에는 각각의 복지사업별로 대상자 정보가 따로 관리되었기 때문에 개별 제도에 각각 신청하였으나, 사회보장정보시스템을 통해 가구원의 복지욕구를 종합적으로 파악하여 가능한 모든 서비스를 맞춤형으로 안내받고 한 번에 일괄적으로 신청할 수 있는 원스톱서비스가 가능하게 되었다. 또한 서비스 신청과정에서도 서식의 통합과 제출서류 간소화 및 공적 자료 대체가 이루어져 편리성이 증진되었다. 보건복지부에 따르면 소득 · 재산 조사방법과 절차를 표준화하여 소득 · 재산 조사에 걸리는 시간도 최장 60일에서 10.9일로 대폭 단축함으로써 지원 여부 결정까지 대기하는 시간을 줄일 수 있었다. 요컨대 사회보장정보시스템을 통해 이용자의 편의성은 어느 정도 증대된 것이 사실이다.

한편 정보화의 간적접인 효과는 시스템 도입으로 인한 행정 효율성 증진을 통해 업무 재배치와 서비스 질 제고가 가능해진다는 점이다. 즉 정보화를 통해 '간접적으로' 서비스 질 제고를 가져오도록 하는 기제는 업무효율화다. 먼저 구조적으로 사회보장정보시스템(행복e음) 운영을 통해 업무효율화와 재배치가 이루어짐으로 인해 서비스 질 제고가 가능해진 측면을 지적할 수 있다. 실제로 복지대상자 자산조사와 자격관리를 시 · 군 · 구에서 전담하도록 하고, 읍 · 면 · 동에서는 현장 방문을 통하여 지원이 필요한 가구의 발굴이나 서비스 제공을 강화하도록 하고 있다. 그리하여 정부는 사회보장정보시스템의 도입 이후, 업무효율화를 전제로 찾아가는 서비스와 사례관리 등의 대면서비스를 강화하고 있다. 즉, 사회보장정보시스템의 도입 자체가 자동적으로 서비스 질 제고를 가져오는 것이 아니라, 업무효율화를 통한 업무 재배치 차원에서 대면서비스가 강화됨에 따라 서비스의 질이 높아질 수 있는 것이다.

한편 실제로 사회보장정보시스템의 효과와 문제점을 사회복지공무원의 인식을 통해 분석한 연구[2]에 따르면, 사회보장정보시스템(행복e음)의 도입으로 공정성 등 업무 효율성을 증진시킨 면이 있지만 그 한계도 분명하게 드러났다. 특히 기존에 공공사회복지전달체계에 내재된 문제들은 사회복지정보화 도입 자체로 해결되지 않고 그대로 남아있다는 점, 실무자의 업무량은 줄지

2 최종혁 · 김수완(2017)

않아 서비스 제공자의 업무감소와 이에 따른 서비스 질의 향상이라는 기대효과는 크게 나타나지 못하며, 행복e음이 관료제의 강화, 특히 상위하달체계의 강화를 가져오고 있다는 점이다.

전체적으로 볼 때 시스템이 이용자의 편의성을 증진시키고, 시스템 도입과 함께 대면서비스를 강화하여 서비스 질을 높인 측면은 인정되나, 정보시스템의 또 다른 실질적인 이용자(user)의 한 축인 서비스제공자(실무자)의 편의성 제고는 아직 이루어지지 못한 것으로 보여진다. 또한 정보화는 상위하달체계의 강화를 통해 자칫 민주적 합의과정을 오히려 소멸시킬 수 있다는 지적이 유효할 수 있음을 볼 수 있다. 이러한 문제를 해결하기 위해서는, 시스템을 충분히 활용하되 결정적 의존성은 낮추고, 대면적 논의구조(예를 들면 사례관리회의)를 강화하여 서비스 질 제고를 위해 시스템을 이용하여 데이터를 적극적으로 활용하고자 하는 별도의 노력이 필요함을 시사한다.

복지사각지대 발굴관리시스템

최근 사회적 고립 및 복지사각지대 등 위기가구 발굴과 사례관리 기반의 복지서비스에 ICT를 접목한 새로운 업무 환경에 대한 관심이 증가되고 있다. 특히 행정과 민간 복지 정보시스템에서 생성되는 이용자, 이용서비스 관련한 광범위한 정보 규모를 기반으로 이용자 욕구와 공공서비스 및 자원을 예측, 연계하는 '찾아주는 복지서비스'로의 적극적이고 포괄적인 패러다임 전환이 진행 중이다.[3] 이에 따라 빅데이터를 활용하여 사각지대를 예측 · 발굴하는 알고리즘, 복지욕구와 자원 간 최적화된 매칭 알고리즘 개발 등이 시도되고 있다. 예컨대 복지사각지대 발굴시스템 구축, 학대 위기아동 조기발견 시스

3 최현수(2018)

템(e-아동행복지원시스템) 구축, 서울시 재난긴급생활비 신청 빅데이터 분석을 통한 복지사각지대 발굴 사례 등이 대표적인 예다.

복지사각지대 발굴관리시스템은 빅데이터를 수집 · 분석하여 고위험가구를 예측 · 선별하여, 자치단체를 통해 상담 · 조사 후 복지급여 · 서비스를 지원하고, 발굴 가구의 복지 지원이력을 행복e음을 통해 관리하는 시스템을 말한다. 복지사각지대에 있는 사회취약계층을 발굴하기 위해 2016년 시작된 발굴관리시스템으로, 비수급 빈곤층 대상자 중 사회보장 급여를 받을 가능성이 높은 대상자를 머신러닝 기술을 활용하여 예측하는 시스템이다. 발굴관리시스템의 사회취약계층 발굴의 적중률을 높이기 위한 머신러닝 알고리즘의 개선 연구가 계속 진행되고 있는 등 지속적으로 고도화가 추진되고 있으며, 적중률에 가장 영향을 주는 데이터에 대한 개선도 함께 요구되고 있다.

복지 사각지대 발굴을 위해 연계되는 정보는 2021년 1월 기준으로 18개 기관 34종이며, 그 내용은 요금체납(건강보험, 관리비, 공공임대차료, 통신비) 및 그로 인한 단전 · 단수 · 단가스, 생활수준측정(피부양의무자 노인 장기요양 여부, 의료비 과다지출, 전 · 월세취약가구, 금융연체), 상황변동(시설 퇴소, 기초긴급신청탈락, 휴폐업, 세대주 사망, 화재 · 재난 피해), 근로 위기(실업급여수급, 산재요양후 미취업, 미취업일용근로자, 개별연장급여대상), 타복지사업 관련(위기학생, 영양플러스미지원, 방문건강관리군, 기저귀분유지원, 신생아난청확진), 그 외에 자살고위험, 범죄 피해, 건강보험납입액 등이다. 현행법상 복지 사각지대 발굴을 위해 정보 주체의 동의 없이 개인정보 활용이 가능하게 되어 있는데, 이는 공적인 목적이나 개인보호를 위해서는 당사자의 정보를 공유할 수 있다는 우리나라 고유의 정서적 측면을 반영한다.

복지 사각지대 발굴의 구체적인 방식을 보면, 기계학습 기반의 위험예측모

〈그림 3〉 공공 빅데이터 활용 ⇨ 위기가구 사전발굴

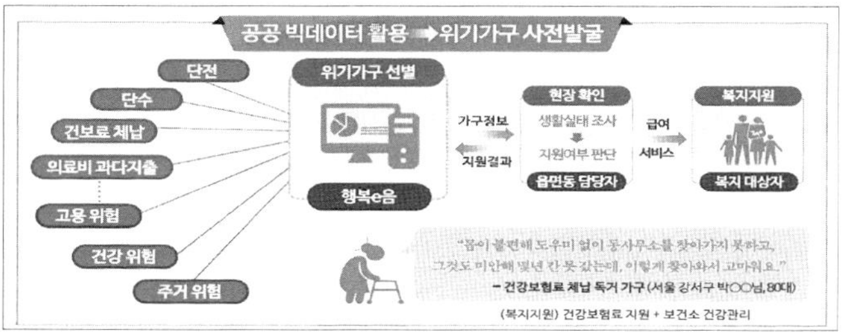

출처: 행정안전부 · 보건복지부(2021)

형을 통해 입수된 대상자들이 복지 사각지대에 처할 확률을 산출하는 방식이며, 고위험 위기가구로 예측된 대상자가 실제로 복지급여 · 서비스를 받았는지 정보를 환류하여 컴퓨터가 스스로 학습하도록 설계되었다.[4] 최근 복지 사각지대 위험 발굴 대상의 확대에 따라 기존의 전체 가구에서 1인 가구, 다인가구 모형으로 모형이 다양화되어오고 있다.[5]

복지사각지대발굴시스템에 대해 다음과 같은 문제점이 지적되어 왔다. 첫째, 현행 시스템은 공적 급여 사각지대만 대상으로 하며 기 공적급여 대상자는 배제되어 실제 복지(돌봄)욕구가 충분히 충족되지 못했거나 위기 상황이더라도 시스템이 찾아내지 못하는 한계를 노정한다. 예를 들면 기초연금 수급자이지만 돌봄 욕구가 충족되지 못하는 노인 등이 존재하는 것이다. 둘째, 행정빅데이터를 활용한 현행의 복지사각지대발굴관리시스템은 경제적 위기 상황에 놓여있음에도 적절한 지원을 받지 못하는 복지시각지대에 초점을 두고 있어, 노인, 장애인 등의 특성을 고려하여 사각지대를 발굴하는 데는 한계를 노정하고 있다. 특히 노인, 장애인에 대한 사각지대 논의는 소득보장뿐 아

---

4 최현수 외(2019)

5 이우식 외(2020)

니라 돌봄 관련 영역을 포괄해야 하며, 복지급여 및 서비스 수급/이용 여부를 벗어나 욕구의 충분성이 반영될 필요가 있다는 점이 지적된다.[6] 셋째, 기술적 문제점도 지속적으로 지적된다. 예컨대 활용하는 데이터가 자료원별로 연계되어 위기 발생 시점의 시계열 특성을 활용하기에는 제약이 있다는 점, 위기 상황 발생 후 데이터를 제공받기까지 소요되는 시간으로 인한 신속성과 시기성 문제 등이다.

이렇게 보면, 복지사각지대 발굴관리시스템에 대한 우리나라의 평가와 비판은 '효과적인가? 복지가 필요한 대상자들이 충분히 잘 발굴될 수 있는 방식인가? 더 효과적으로 운영될 여지는 없는가?'와 같은 도구적이고 기술적인 문제에 치우쳐 있음을 알 수 있다. 다만, 행정데이터 이용에 따른 윤리적 쟁점으로, 예측 모형에 적용되는 정보에 대한 투명한 공개와 예측 모형에 대한 의사결정 참여 구조 마련이 필요하다는 문제 제기는 이루어지고 있다.[7]

데이터화에 대한 우리나라의 담론이 다소 기술적으로만 논의되는 이유는 무엇인가. 첫째, 앞서 언급했듯이, 국가에 의한 개인정보 이용과 공유에 대해 상대적으로 관대한 태도를 보이는 우리나라 고유의 측면을 잘 보여주는 단면이라 할 수 있다. 역사적으로 주민등록번호로 상징되는 한국의 독특한 국민등록시스템은 독재정권에 의한 효율적 사회 통제 기제로 사용되기도 했지만, 한편으로는 공공행정, 금융거래, 노동활동 시 신원을 신속히 파악하는 지표로 급속한 경제발전에 크게 이바지한 것도 사실이다. 이러한 실질적 편익은 개인정보 공개를 통한 프라이버시 침해를 어느 정도 암묵적으로 용인하는 사회 분위기를 만들었다.

6 김정현 · 한은희(2021)

7 김정현 외(2021), 한은희 외(2020)

둘째, 상대적으로 개인주의 문화가 약한 한국 사회의 문화적 토양도 전자정부의 데이터 감시를 국민들이 자연스럽게 받아들이는 배경으로 작용한다. 셋째, 국가의 개인정보이용을 대하는 태도에서 사익보다는 공익을 우선 고려하는 경향이 있다. 코로나19 거리두기 상황에서, 감염병 환자에 대한 신속한 정보수집과 공개는 서구 복지국가들의 관점에서 보면 지나친 사생활 침해일 수 있지만, 우리나라 국민 대다수는 마스크 착용과 자가격리를 최소한 사회 구성원이 지켜야 하는 도덕적 의무로 받아들였던 것이다.

차세대 사회보장시스템: 데이터 기반 공공복지 서비스 패러다임 변화

앞서 지적된 사회보장정보시스템의 제반 문제에 대해, 최근 차세대 사회보장정보시스템을 중심으로 이러한 문제에 대해 적극적으로 해결하려는 노력을 하고 있다. 첫째, 초창기의 부정수급과 감시 위주의 데이터 접근에서, '이용자'의 데이터 활용권 확대라는 차원으로 빠르게 패러다임을 전환하고 있다. 둘째, 기존의 상명하달식 관료제적 특성을 강화시키는 측면에서도, 민관협력 플랫폼으로서의 기능을 도입하는 등 수평적 협력을 강조하는 패러다임을 제시하고 있다. 셋째, 실무자의 업무 효율성 증대를 위한 시스템 개선도 이루어질 예정이다. 마지막으로 기존 사회보장정보시스템의 기술적 문제 해결도 추진하고 있다.

이를 보다 구체적으로 살펴보면 다음과 같다. 차세대 정보시스템은 포용적 사회보장의 가치를 구현할 수 있는 정보전달체계라고 소개되고 있다. 국민에게 필요한 서비스를 맞춤형으로 안내하는 '복지멤버십'과 자치단체, 공공 및 다양한 민간 기관이 대상자를 중심에 두고 함께 지원하는 '사례관리 표준틀(플랫폼)' 구축이 제공하게 될 주요 서비스라는 것이다(보건복지부, 2019). 요컨대 차세대사회보장정보시스템은, 기존에 문제로 제기되었던 사회보장정보시

스템의 한계를 거의 모두 개선하려는 의지를 보여주고 있다.

그러나 차세대 사회보장정보시스템에서도 신청주의에 입각한 서비스 제공의 근원적인 문제, 즉 디지털 격차에 따른 접근성 문제와 정보 제공과정에서의 노출 위험 등은 여전히 해결되지 못한 문제로 남아있는 것으로 보인다. 무엇보다, 실제로 차세대 정보시스템의 구축과정에서는 목표한 추진 내용들이 다 구현되지 못하고 있으며, 기술적 오류 등 민관협력의 다양한 문제점들이 나타나고 있는데, 이러한 정책 실패의 원인을 추후 사례를 분석해 보는 것은 정책적 시사점이 클 것으로 보인다.

〈표 3〉 복지의 데이터화: 차세대 사회보장시스템 주요 개편 방향(2021~2022)

구분	개편 항목	내용 및 기대 효과
데이터 기반 이용자 정보 서비스 (digital-by-default 정책)	복지멤버십 도입	개인 · 가구의 소득 · 재산 · 인적 정보를 분석해 받을 수 있는 사회보장급여를 찾아서 주기적으로 안내(희망자)
	복지지갑 도입	개인별 복지현황 확인 기능 도입(복지지갑)
빅데이터 활용 통한 정책 기능 강화	빅데이터 활용 정책기획	사회보장 빅데이터를 활용한 근거 기반 정책기획, 정책 변화에 따른 시뮬레이션 기능 도입
	차세대 사각지대발굴 시스템 도입	위험에 처한 가구 · 개인을 보다 효과적으로 발굴
데이터 활용을 통한 업무 효율화 · 부담완화	자동 조사 도입	조사 · 판정 업무 부담 완화
	통합 · 개별 업무 기능 개선	화면 · 기능 편리성, 모바일 기기를 활용한 업무 가능, 기존 시스템의 사용상 불편함 해소
데이터 공유 및 연계 강화	정보연계 확대	소득 · 재산 · 인적 정보 연계 확대 · 개선/업무 정확도 향상
	민 · 관 협력 플랫폼 도입	대상자 서비스 이력, 자원 정보 연계, 상담 · 사례관리 통합 등/ 공공 · 민간의 다양한 기관 간 협력 · 연계 활성화

주: 관계부처 합동(2021)의 개편 내용을 토대로 저자 작성

마이데이터 접근과 공공 마이데이터 사례

최근 데이터 이용의 패러다임은 개인정보 보호에서 개인정보 주권으로 크게 변화하고 있다. 복지 관련 데이터의 엄청난 축적에 비하면, 그동안 우리나

라는 개인정보 보호 차원으로 인해 데이터 이용의 제한이 상당히 큰 편이었다. 그러나 최근에는 마이데이터의 활성화를 기점으로 새로운 국면을 맞이하고 있다. 개인정보 보호에서 안전한 활용으로의 패러다임 전환이 이루어지고 있기 때문이다.

데이터와 개인의 권리에 대한 패러다임 전환을 추동하는 문제의식은 다면적으로 제기되었다. 첫째, 기존의 개인정보보호법은 결과적으로 데이터를 활용하여 서비스를 개발하고 제공할 수 있는 길을 공식적으로 막는 역할을 했다. 그러나 데이터의 가치가 증가하면서 데이터를 활용하여 제공할 수 있는 혜택이 커지면서, 산업의 욕구와 개인의 서비스 욕구가 동시에 증가함에 따라 패러다임이 변화하기 시작한 것이다. 둘째, 기업의 데이터 활용 독점에 대한 문제 제기가 또 하나의 배경이다. 글로벌 IT 기업과 거대 플랫폼 기업들이 개인이 생성하거나 생성에 기여한 데이터 등을 활용하여 막대한 이윤을 창출하는 상황에 대한 비판이 제기되어온 것이다. 그리하여 개인정보 활용에 대한 공식적인 규칙이 없는 상황에서 이처럼 특정 기업들이 개인 데이터를 독점적으로 활용하게 되는 문제를 해결하기 위해 데이터 활용의 규칙을 만들어 데이터 생성자인 개인과 기업 간에 정당하게 거래되도록 해야 한다는 논리가 제기되고 있다. 즉 축적되는 데이터에 대한 개인의 데이터 권리를 명확하게 규정하고 활용에 대한 민주적 규칙을 만들어야 한다는 것이다.

이러한 맥락 속에서, 사용자의 데이터 권리는 보장하고, 기업은 공정한 프로세스로 개인의 데이터를 활용할 수 있게 지원하며, 대신 그에 따른 공정한 대가가 사용자에게 제공될 수 있도록 한다는 민주적인 방식의 데이터 활용 전략이 해결책으로 대두된다.

그리하여 마이데이터(My Data)가 기업의 데이터 독점문제와 개인정보보호를 넘어서 데이터 활용 활성화를 가져오는 출구로써 제시되고 있다. 마이데이터는 정보 주체를 중심으로 산재된 개인데이터에 대해 개인 자신이 관리와 통제 권한을 가지는 것으로, 개인이 데이터의 활용처 및 활용범위 등에 대해 능동적인 의사결정을 하는 개인데이터 활용체계의 패러다임을 말한다.[8] 마이데이터의 근간에는 데이터 권한, 데이터 제공, 데이터 활용이 정보주체를 중심으로 운영되어야 한다는 원칙이 바탕이 된다. 기존의 정보주체인 개인은 최초의 개인정보 수집과 제공 이후에는 유통과정에 능동적으로 개입하는 데 한계가 있어 열람청구권 등의 소극적 권리만을 가질 뿐이었고, 데이터 활용의 혜택에서는 소외되었다. 그러나 마이데이터를 통해 개인이 데이터에 대한 열람과 제공 범위, 접근 승인 등을 직접 결정할 수 있도록 데이터 이동 및 활용에 대한 권리 등 본인의 정보를 직접 관리 통제하는 적극적 권리 행사로 전환되고 있다.[9] 요컨대 단순히 개인정보보호라는 차원에서 '개인정보자기결정권', 즉 데이터 주체로서의 개인이 개인정보에 대한 결정권을 가지고 개인의 의사결정에 따라 자신의 데이터를 전송하여 분석하도록 하고 도움이 되는 서비스를 기업이나 공공기관에서 제공받을 수 있게 된 것이다.

〈표 4〉 마이데이터 원칙

차원	내용
데이터 권한	개인이 개인데이터의 접근, 이동, 활용 등에 대한 통제권 및 결정권을 가져야 함
데이터 제공	개인데이터를 보유한 기관은 개인이 요구할 때, 개인데이터를 안전한 환경에서 쉽게 접근하여 이용할 수 있는 형식으로 제공해야 함
데이터 활용	개인의 요청 및 승인(동의)에 의한 데이터의 자유로운 이동과 제3자 접근이 가능하여야 하며 그 활용 결과를 개인이 투명하게 알 수 있어야 함

출처: 한국데이터산업진흥원, 『마이데이터 서비스 안내서』(2019)

8 심연숙(2021)

9 이병남(2021)

기술적으로 민주적인 방식의 데이터 활용 방법은 '분산형 마이데이터 플랫폼'의 형태로 제시된다. 이 접근에서는 정보주체인 사용자에게 데이터에 대한 모든 통제권을 넘긴다. 개인정보는 사용자가 지정한 저장장치에만 저장되고, 운영주체는 백업 스토리지와 플랫폼만을 운영하는 구조이다. 이때 데이터는 한 곳에 집중하여 저장되거나 관리되지 않는다. 이는 일부 기업이 개인 데이터를 독점하는 문제를 해소하고 사용자와 기업의 공정한 계약에 기반해 데이터가 거래되고 활용될 수 있도록 지원한다는 취지에서 이루어지고 있다. 대표적인 사례로는 팀 버너스-리가 주창하는 Solid 프로젝트, 영국 Digi.me가 있으며, 한국에서는 경기도 마이데이터 플랫폼, 행정안전부의 공공 마이데이터 서비스 등을 들 수 있다. 특히 경기도는 가치공유에 기반한 데이터 배당정책을 시행한다. 이는 소비자의 데이터를 수집, 활용해 기업이 수익을 창출하면 데이터 생산에 기여한 소비자들에게 수익의 일부 돌려주는 정책이다.[10] 이는 과학기술정보통신부가 추진하는 마이데이터 실증서비스사업의 일환으로 이루어졌다.

한편 보건은 공공 영역에서 마이데이터 서비스가 가장 활성화되고 있는 분야로서, 마이 헬스웨이(My Healthway)가 추진되었다. 이는 개인을 중심으로 의료 데이터를 통합하고 활용을 지원하는 것으로서 개인 주도로 자신의 건강정보를 한 곳에 모아 원하는 대상에게 동의기반으로 데이터를 제공하고 직접 활용할 수 있도록 지원하는 시스템을 말한다. 이용자는 플랫폼을 통해 다양한 기관이 보유한 개인 건강 관련 정보를 한 번에 조회 · 저장하고, 정보 주체가 저장한 개인 건강정보를 활용기관에 제공하여 진료, 건강관리 등 원하는 서비스를 받을 수 있도록 지원하며, 개인의 동의하에 조화 · 저장 · 제공되도

10 이기호(2021)

록 하고, 인증 · 식별체계를 통해 개인 건강정보 유출을 방지할 수 있도록 한다.

복지 영역에서는 2021년 9월부터 시작되고 있는 복지멤버십 제도가 마이데이터의 제한적인 서비스 형태라고 할 수 있다. 앞서 언급했듯이 차세대사회보장시스템 구축 사업의 일환으로 도입된 것으로, 개인의 신청에 의거하여 개인의 소득, 재산, 인적상황을 분석해 받을 수 있는 복지서비스를 선제적으로 알려주는 맞춤형 급여안내제도이다. 한편, 개인정보 보호법 개정('23.3월)으로 국민이 본인의 데이터를 원하는 곳으로 전송하여 주도적으로 통제 · 관리할 수 있는 개인정보 전송요구권이 도입되는 등 현 정부에서도 마이데이터 환경을 전 분야에 구현하기 위한 정책을 추진해가고 있다.

마이데이터 접근은 기존의 폐쇄적인 개인정보보호에 비해 이용자의 '데이터 주권'을 강화한다는 점에서 진일보한 패러다임으로 볼 수 있지만, 복지 차원에서는 한 차원 더 숙고할 문제들이 있다. 데이터 주권을 발휘하기 어려운 취약계층의 문제이다. 디지털 역량이 약한 계층의 경우, 서비스로부터 소외되거나, 도움을 필요로 하며, 그 과정에서 타인에 의한 정보 노출 위험이 발생할 수 있기 때문이다.

디지털플랫폼정부 추진

2022년 정부는 '모든 데이터가 연결되는 디지털플랫폼 위에서 국민, 기업, 정부가 함께 사회문제를 해결하고 새로운 가치를 창출하는 정부'를 국정과제로 제시한 바 있다. 그래서 2023년 발표된 디지털플랫폼 정부의 실현계획에서는 초거대 AI 산업혁신 생태계를 조성하고, 민간 · 공공영역에 초거대 AI를 선도적으로 접목하는 정책 방향이 제시되었다.

법률, 의료, 심리상담, 문화 · 예술, 학술 · 연구 등 민간 전문영역에 초거대 AI를 접목하여 전문가의 업무를 보조하는 대규모 프로젝트를 추진하고, 행정 · 공공기관의 내무업무 및 대민서비스 등을 효율화하는 초거대 AI 응용서비스를 개발 · 실증하고자 한다. 또한 초거대 AI 기반으로 디지털산업을 혁신하는 한편, 초거대 AI 전문인재를 양성하고 국민의 초거대 AI 리터러시를 강화하는 방안도 제시되었다. 그리하여 SW 개발자, 교원 · 학생, 구직자 등을 대상으로 초거대 AI 활용 역량을 강화하고, 일반 국민을 대상으로 초거대 AI 기초활용 · 윤리교육 등을 통해 리터러시를 제고할 계획이다.

여기에는 개인정보보호 등 안전한 활용을 위한 고려사항이 중요하다. 그렇게 함으로써 데이터 수집-AI학습-서비스제공의 전 과정에 걸친 AI 데이터의 안전 활용을 위한 정책 방향을 수립하도록 하였으며, AI를 활용한 채용 면접이나 복지 수혜자 결정 등이 국민의 권리와 의무에 많은 영향을 미치는 경우에는 그 결정을 거부하거나 설명을 요구할 수 있는 권리를 개인정보보호법 개정을 통해 신설하는 등의 추가 조치를 시행할 예정이다. 또한 디지털플랫폼정부로 바뀔 국민 · 기업이 체감하는 일상적 변화의 핵심 사례로서 정부 기관 간 데이터 공유 · 활용 확대를 통한 관공서 첨부서류 제로화, 국민이 공공서비스를 찾아다니지 않도록 상황에 맞게 알아서 챙겨주는 '혜택알리미' 등이 소개되었다. 특히 AI를 활용한 복지 분야 추진 정책으로는 복지 사각지대 해소를 위한 인공지능 복지도우미, 찾아가는 복지서비스 등이 제시되고 있다.

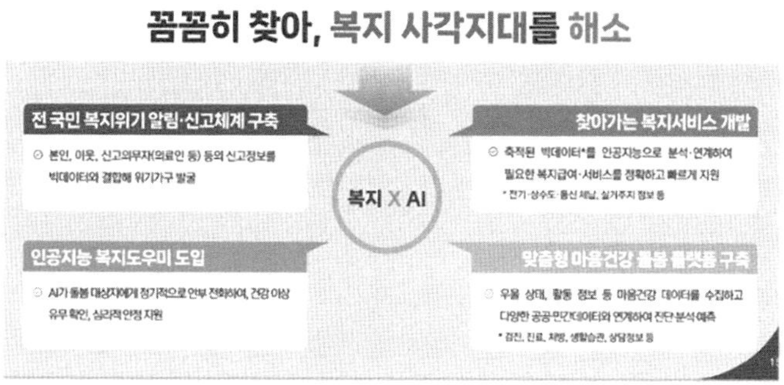

출처: 디지털플랫폼정부위원회(2023)

Ⅲ. 디지털 복지국가의 현황: 기술기반 돌봄서비스 동향[9]

최근 지자체마다 취약한 독거노인들에게 인공지능 스피커나 웨어러블 손목밴드 등 디지털 기술을 활용한 비대면 돌봄서비스 제공을 표방하고, 노인복지관들은 인지기능 강화와 치매예방에 도움이 되는 스마트 기기나 돌봄 로봇을 들여놓고 있다. 자기 건강상태와 생활패턴을 실시간으로 체크하고 서비스를 제공하는 스마트 헬스케어는 가장 유망한 실버산업 영역으로 부각되고 있다.

기술 기반의 돌봄서비스 영역은 주관이 어디인지, 민관협력의 방식이 어떠한지 등에 따라 크게 두 가지 유형으로 나눠볼 수 있다. 첫째, 정부(중앙 및 지자체)주도형 민관협력이다. 이는 그동안 복지 영역에서 정부가 민간과 관계를 맺어온 전통적 방식으로서, 민간의 위치는 종속적-대행자의 지위라고 할 수 있다. 일반적으로 공공사업은 지자체가 조달입찰공고를 내면 기업이 지원하는 방식으로 진행된다. 두 번째 유형은 민간주도적 민관협력이다. 민간기업이 주도적으로 기술 기반 서비스를 제공하고, 정부는 서비스가 제공될 수 있는 테스트베드를 제공하거나, 재정지원 등의 플랫폼으로 기능하는 예를 들

11 이 절의 내용은 김수완 외(2021) 연구 중에서 저자가 작성한 내용을 일부 발췌, 인용한 것임을 밝힌다.

수 있다. 여기에는 중앙정부의 재정지원 사업에 지자체와 민간업체가 컨소시움을 통해 참여하는 방식도 포함될 수 있다. 이는 특히 최근 기술기반의 새로운 서비스의 개발과 추진을 지원하는 재정구조라고 할 수 있다. 이 때에 지자체와 민간은 일견 동반자적 협력관계로 볼 수 있다.

그러나 최근의 기술기반 복지서비스 제공과정에서 나타나는 민관협력은 기존과는 다른 방식에서 논의될 필요가 있다. 즉, 데이터 관점에서 보면, 민관협력형 서비스 제공을 통해 민간업체가 얻고자 하고, 얻게 되는 이득이 무엇인지에 대해 새로운 쟁점이 도출될 수 있다. 여기서는 이론적으로 검토한 바와 같이, 공공과 민간의 경계가 모호해짐에 따라 공공의 책임이 약화되는 면이 나타나는지, 공공서비스가 시장의 이윤추구에 이용될 수 있는 가능성은 없는지를 살펴보도록 한다.

① 정부주도적 민관협력 사례: 응급안전안심서비스

응급안전안심서비스는 취약계층의 안전한 생활을 지원하는 '기술결합형 사회서비스'라고 할 수 있다. 보건복지부(2020)에 따르면, 독거노인과 장애인 가정에 화재 · 가스센서 및 활동 감지기를 설치하여 화재 · 가스사고 등 발생 시 신속하게 대처할 수 있도록 응급상황을 알리고 119에 신고하는 체계를 구축하는 것을 목적으로 한다. 서비스 이용 대상자는 상시 보호가 필요한 저소득층 독거노인과 장애인이다.

현재 응급안전안심시스템을 활용하여 제공되는 기술결합형 사회서비스는 크게 세 가지다. 첫째, 응급상황 모니터링으로, 독거노인 및 장애인 가정에 화재 · 가스 감지센서 및 응급호출기 등을 설치하여 응급상황에 상시 대응한다. 이상 징후가 발견되거나 응급상황 시에는 응급관리요원이 가구를 방문하게 된다. 둘째, 안전 확인 서비스이다. 실제 응급상황 여부를 확인하고 사후관리를 진행하며, 부재 등으로 인해 안전을 확인하지 못할 경우에는 이웃(이장 등)을 통해 안전 확인 조치를 하도록 되어 있다. 셋째, 생활교육 서비스이다. 대상자의 안부와 욕구를 파악하여 독거노인 응급안전돌보미 시스템의 점검 및 사용법을 안내하고, 응급안전안심시스템 이용사례에 대해 교육한다.

전달체계를 보면, 보건복지부가 사업을 총괄하고, 지방정부가 사업을 운영, 관리, 감독하며, 광역지자체는 기초지자체에 대한 운영지원과 지도감독을, 시 · 군 · 구 등의 기초지자체는 사업을 운영, 관리, 감독하게 된다. 지역센터는 위탁을 받은 사업수행기관으로서 응급관리요원 교육과 복무관리, 대상자의 안전 확인과 모니터링, 응급상황 관리와 보고, 댁내 장비의 점검과 관리 등을 수행한다(보건복지부, 2020).

이 사업에서 민관 간의 관계는 다음과 같다. 민간업체는 장비를 공급하고 장비에 대한 유지보수를 하는 수동적인 위치에 있다. 기존 방식의 사회서비스 생산이나 공공물품 구매방식과 다르지 않게 '저가의 서비스 구매' 방식을 통해 기술수준이 낮은 장비를 구입하게 되고, 이는 서비스의 질과 기술기반 서비스의 혁신성을 저해하는 주요 요인이 되었다. 특히 초창기에 가장 크게 부각된 운영상의 문제는 기술적인 측면들, 즉 장비의 오작동 문제, 그리고 영세한 장비업체들의 서비스 불안정성이었다. 먼저 장비의 오작동이 잦았다. 초창기 채용된 응급관리요원들은 사회복지사로서 서비스 대상자인 독거노인에 대한 안전교육과 상담의 역할수행이 강조되었지만, 실제로 점검을 나가면 주로 장비수리를 하는 경우가 대부분이었다. 또한 업체선정과정에서 최저가 입찰경쟁을 하다 보니 제품의 질도 낮았고, 영세한 장비업체가 선정되면 파산하는 일도 적지 않아 부품확보나 장비에 대한 유지보수를 받기도 어려웠다.

또한 사회보장정보원은 서비스를 제공하는 모니터링의 목적으로만 데이터를 수집, 관리할 뿐, 이를 통해 더 나은 서비스를 제공하기 위해 장비 기술을 고도화하는 데 활용한다든지, 개인을 위한 맞춤형 서비스 개선에 활용한다는 의지나 사고는 갖고 있지 않았다. 데이터에 관한 한 개인정보보호에만 충실해 왔던 패러다임이 기술 기반 사회서비스 제공에서도 그대로 유지된 것이다. 즉 응급안전안심서비스는 독거노인 돌봄과 안전이라는 사회문제 해결에 대한 기술기반 해결책을 제시한다는 점에서 혁신정책으로 시작되었으나, 운영방식에 있어서는 기존의 관료적 공공서비스 체계에서 별다른 변화가 이루어지지 못했고, 이용자의 필요와 피드백에 대한 신속한 대응이나 기술설계팀과 관리팀의 조화로운 공조체계[12] 등의 디지털 혁신의 성공조건에는 부합하지 않은 것으로 볼 수 있다. 그러나 이는 일견 긍정적으로 평가할 수 있는 부분도 있다. 응급안전안심서비스는 정부주도성을 가진 사업으로, 표준화된 서비스를 전국적으로 제공하고, 무엇보다 사회보장정보원에서 엄청난 개인정보가 포함된 모니터링 데이터를 직접 관리하는 시스템을 둠으로써 공공성을 강하게 띠고 있는 것이다.

최근 보건복지부는 최신 ICT 기술을 활용한 댁내 장비를 보급하면서 응급안전안심서비스 대상자를 확대하겠다고 밝혔다. 정부는 2020년부터 새로 보급되고 있는 차세대 댁내장비의 특징을 다음과 같이 발표하였다. 첫째, 최신사양의 응급호출기와 화재감지기를 사용하는 등 최신 ICT 기술을 전면 도입한다는 것이다. 둘째, 단순한 안전 알림을 넘어서, 정서적 서비스와 정보제공 기능 등을 추가하여 서비스를 다양화한다. 셋째, 기술적으로 비대면 돌봄체계를 강화하고자 하였다. 응급상황 발생 시 담당인력인 응급관리요원(생활지원사 포함)에게도 알람이 동시에 전달되고 휴대폰을 통해서 평소에도 돌봄

12 West(2021)

대상자의 건강 상태에 대한 상시 점검을 수행할 수 있도록 한 것이다. 차세대 기술도입이라는 정부의 사업 확산의 성과가 실제로 어떻게 나타날지에 대해서는 추후 확인이 필요해 보인다. 중요한 점은 차세대 서비스에서도 '데이터'에 관한 한 관리와 활용에서의 보수적인 입장은 견지되고 있다는 것이다.

〈표 5〉 두 사례의 주요 내용

		응급안전안심서비스	인공지능 돌봄서비스 (AI 스피커)
목적		독거노인 · 장애인 가구의 응급상황 대처 체계 구축(고독사 등)	독거노인 삶의 질 향상
대상층		[지역] 전국 지자체1) [대상] 취약계층 독거노인 · 장애인	[지역] 일부 지자체(계약) [대상] 취약계층 독거노인
이용기술		센서(장비업체 구매)	인공지능, ICT(모기업의 기술 공유)
제공서비스		응급상황 모니터링, 안전확인 등	24시간 모니터링 · 긴급 SOS 대응서비스, 여가서비스, 정서적 지원, 치매예방 등
전달체계	공급체계	정부(중앙 · 지자체): 재정공급 · 규제 사회보장정보원: 관리, 장비업체 선정 장비업체: 기술 생산 지역센터: 사회서비스 생산 · 전달	사회적기업(관리 · 운영, 서비스 제공) 지자체(대상자선정, 일부 지역 운영)
	담당인력	응급안전요원(전담인력) (노인맞춤돌봄서비스 인력활용 가능)	케어매니저(전담인력) 혹은 생활지원사(지자체별 상이)
재정방식		중앙 · 지자체 매칭	기업사회공헌 · 사회적기업 · 지자체 부담

출처: 김수완 외(2021)

② 민간주도형 기술기반 복지서비스 사례: 행복커뮤니티 AI 스피커 돌봄서비스

중앙정부의 응급안전안심서비스와 대비되는 것이 민간주도적으로 이루어지고 있는 AI 스피커 돌봄서비스 사업(이하 AI 스피커)이라 할 수 있다. 이 사업은 지역사회에서 독거 어르신을 위한 인공지능 돌봄서비스를 기업이 제공하는 기술결합형 사회서비스이며, 현재 한국 지자체에서 가장 많이 제공되고 있는 민간주도형 복지기술이라고 할 수 있다.[13] AI 스피커와 홈 IoT 기기를 현장 돌봄 서비스와 결합하여 제공되는 서비스의 내용은 응급안전, 정보제공, 정서지원, 치매예방 서비스, 데이터기반 상담 서비스 등이다.

이 기술결합형 사회서비스는 도입부터 시행단계에 이르기까지 기업과 지자체의 상당히 동등한 관계에서의 민관협력을 통해 운영된다는 점이 큰 특징이다. 먼저 모기업은 자사 제품인 인공지능 플랫폼을 공유하는 등의 기술 지원, 신규 서비스 개발 지원, 사업의 효과성 검토 등을 담당한다. 재단법인 행복커넥트는 다양한 사회문제 해결책을 고민하는 사회적기업으로서, 사업의 실질적인 운영주체다. 행복커넥트는 산하에 ICT케어센터를 두어 플랫폼 관리, 인공지능 돌봄 서비스 통합 모니터링, 데이터 분석, ICT케어매니저 고용과 관리 등을 담당한다. 전국사회연대경제지방정부협의회는 지방자치법에 근거하여 2013년에 설립된 47개 지방자치단체의 행정협의회로서, 지자체와의 서비스 계약과 운영 지원, 대상자 선정 지원, 각 지자체 의견 취합과 공유 등을 담당한다. 지자체와의 협력방식은 지자체의 특성에 맞게 유연하게 적용하고 있다.

일단 인공지능 돌봄서비스는 기개발된 AI스피커를 활용하여 독거노인 생활을 지원함으로써, 기술을 활용한 사회문제 해결을 지향하는 기업의 '사회적 가치' 실현 활동, 즉 일종의 디지털 사회공헌의 일환으로 시작되었다. S기업은 2016년 9월에 젊은 층을 대상으로 한 AI 스피커 제품을 개발, 출시하였다. 이 기업은 2013년 재단법인을 설립하여 사회적기업으로 발전시키면서 모기업의 기술을 활용하여 사회문제를 해결하는 사회공헌활동에 관심을 두

13 실제로는 몇 군데 기업에서 제공하는 사업들이 있지만, 여기서는 그중에서도 가장 많은 지자체에서 활용되는 S기업의 사업을 중심으로 설명하고자 한다.

어오던 중, 전국사회연대경제 지방정부협의회와 상호협력협약을 체결하고 본격적인 지자체 공익사업에 나서게 된다. 모기업이 보유한 기술인 인공지능 스피커 플랫폼을 공유하여 독거노인의 돌봄이라는 사회문제를 해결한다는 아이디어를 가지고 2019년 3월 ICT연계 스마트 복지서비스인 '행복커뮤니티 인공지능돌봄'을 출범했다. 2019년 4월부터 8개 지자체의 참여로 2,425 가구를 대상으로 한 시범사업이 시작되었다. 먼저 서비스의 대상층은 지자체와의 MOU를 통해 시범사업을 실시한 후 점진적으로 여러 지자체로 확대되었다. 초기 시범사업 단계에는 재단에서 모든 비용을 지원하였으며, 본격적으로 사업화되면서는 지자체의 예산이 투입되었다. 한편 서비스의 내용도 신속하게 다양화되고 확대되었으며, 행정구청 관내 이벤트나 폭염, 한파 주의 안내 등의 소식을 전달하는 서비스도 확대되었다.

인공지능 돌봄서비스의 발전과정에서 주목해야 할 사항은 민관협력방식으로 사회적기업 모델에 의해 제공된 취약계층 독거노인을 위한 공익서비스가 사업의 테스트베드로 활용되었다는 점이다. 인공지능 스피커는 빅데이터를 통한 인공지능으로서 사용자들의 데이터가 축적될수록 발전되는 메커니즘이기 때문에, 초기에 많은 이용자를 확보할수록 서비스 발전 속도를 높이는 데 도움이 되는 구조이다. 사용자 정보가 축적되면서 기술적으로 발화인식기능이 향상되고, 어떤 서비스에 대한 이용률이 가장 높은지, 서비스 만족도와 불만 상황 등을 지속적으로 모니터링한 정보 등을 통해 고령층에 적합한 서비스를 고도화할 수 있었다. 이는 결과적으로 공익사업 대상인 저소득층 독거노인뿐만 아니라, 유료서비스 제품인 인공스피커의 기능향상과 일반 고령층으로의 이용자 확대에도 도움이 되었다. 요컨대 이 기업은 사회적 공헌 형태로 지자체와 협력하여 서비스를 제공하는 대신, '데이터'를 확보함으로써 상당한 정도의 지대추구를 할 수 있었던 것이다.

이 사업은 본격적으로 추진된 지 얼마 되지 않아 두 가지 방향으로 발전하게 된다. 첫 번째는 중앙정부의 지원이 결합되어 전국적인 기술결합형 복지서비스로 확산된 것이다. 'AI 스피커'를 활용한 독거노인 돌봄서비스가 정부 국정과제인 '한국판 뉴딜' 중 '디지털 뉴딜'의 비대면 산업 육성 분야에 포함되어 국가사업으로 채택되었다. 두 번째 확산은 경제적 여력이 있는 일반 노인을 대상으로 한 유료 시장으로의 확대이다. 차상위계층 이하 취약계층 독거노인에게 민관협력형 사회공헌 차원에서 제공된 서비스를 기반으로 2020년 7월부터 일반 소비자용(B2C)으로 상품화한 것으로, 취약계층 노인에게 먼저 무료 공공서비스로, 구매력이 있는 일반 노인에게 유료 민간서비스로 발전되는 확산 경로이다. 공익적 서비스를 기반으로 한 민관협력형 사회적기업 모델을 기반으로 하여 구매능력이 있는 노인층에게 확대하여 이윤을 창출하는 '비즈니스 모델'로 발전된 것이다. 그러나 특정 기업의 사업화를 위해 특정 지역사회가 테스트베드로 사용되는 것이 바람직한가라는 근원적인 문제제기에 대해 신중한 검토가 필요해 보인다.

이 사업에서 민관의 관계는 다음과 같다. 인공지능 돌봄서비스에서의 민관의 관계는 일견 동반자적-협력관계 모형을 따르는 것으로 볼 수 있다. 사회적기업과 지자체는 대등한 위치에서 협력관계를 형성하고 있으며, 이에 따라 공공에 대한 감시와 견제 역할을 통해 공공실패가 어느 정도 예방되고, 민간서비스 부문의 장점인 신속성, 창의성, 현장에 대한 밀접한 이해를 통한 서비스 효과성 증진 등이 잘 발현될 수 있었던 것으로 보인다. 특히 행복커넥트는 모기업과 지속적으로 교류하고 사업을 공유하면서 첨단기업 문화와 기대수준에 맞춰 기업의 효율성과 효과성을 높은 수준으로 유지하는 측면을 보였다. 다만 모기업의 종속적 지배로부터 얼마나 자율성을 가질 수 있는가는 또 다른 차원에서 관찰이 필요하다고 보여진다.

그러나 인공지능 돌봄서비스 사업이 진행되는 과정을 보면, 기업이 얻을 수 있는 이익이 상당한 것을 알 수 있다. 인공지능 돌봄서비스에서 가장 중요한 부분은 대기업의 '첨단기술의 공유'인데, 대기업이 순수한 '사회공헌' 차원에서 기술력을 오픈했다고 보기 어렵기 때문이다. 기업 입장에서는 제품을 만들어서 시장에 출시하기 전에 이용자에 대한 충분한 데이터를 확보하는 것이 중요하다. 따라서 개발자들은 데이터 확보를 단기적인 수익창출보다 더 중시하며, 늘 제품에 대한 테스트베드 운용이 절실하다고 느끼고 있다.[14] 따라서 AI 스피커에 대해서도, 시니어 계층에 대한 상품성을 가늠해보기 위해 지역사회와 연결되어서 그것을 일단 시연해 보는 과정이 필요했다. 결과적으로 해당 기업은 지자체와의 인공지능 돌봄서비스를 토대로 시니어 대상의 유료서비스를 출시하였다. 지자체와의 협력을 통해 취약계층인 독거노인들에게 서비스를 제공하는 것은 한편으로는 기업 사회공헌활동이면서 동시에 시니어 대상의 스피커 서비스를 개발, 상용화 단계로 발전시키는 데 유효한 과정이 되었던 것이다.

한편 이러한 민간업체와 협력하는 지자체는 두 가지 차원에서 공공복지의 책임주체성이 모호해지는 위험성을 가질 수 있게 된다. 첫째, 지자체 실무자들은 기술 기반 돌봄서비스 자체가 생소하기 때문에, 서비스 제공과정에서 시장(기업)에 대한 의존성이 강해질 수 있다. 둘째, 지자체의 '데이터 개념 및 관리 역량'에 따라 계약을 맺는 방식 자체가 상당히 다르다는 점도 중요하다. 기업 입장에서 서비스를 제공하고 얻게 되는 진정한 이득이 무엇인지에 대한 이해가 없는 상태에서 전통적인 방식으로 민관협력을 사고하고 계약을 체결하다 보니, 주민들의 데이터 주권을 지켜주는 공공 책임주체로서의 역할

14 김수완, 최종혁(2019)

을 제대로 수행하지 못하는 문제가 발생하게 된다. 물론 서비스를 받는 과정에서 주민들은 개인정보활용동의서에 서명함으로써 막연하게 자신의 정보가 제3의 기관에 공유된다는 사실에 동의하지만, 자신이 제공한 개인정보가 향후 어떤 방식으로 활용될지를 정확히 확인할 수 있는 채널은 존재하지 않기 때문이다.

Ⅳ. 디지털 복지국가의 과제와 개도국에의 시사점

① 디지털 복지국가의 과제

이 글에서 데이터 복지국가에서 나타나는 변화는 크게 두 가지로 모색하였다. 첫째, 데이터 이용의 패러다임 변화이다. 한국은 개인정보 보호의 차원으로 인해 데이터 이용의 제한이 컸으나 최근 개인정보에서의 패러다임 전환으로 새로운 국면을 맞이하고 있다. 마이데이터가 그 예이다. 둘째, 데이터를 중심으로 한 민관협력에서의 변화다. 재정을 통해 민간을 전달체계로 포섭했던 복지국가는 이제 "데이터"를 민간과의 협력 매개체로 삼게 되었다. 이처럼 복지의 데이터화, 기술 인프라와 복지국가의 교차가 가져오는 변화를 크게 국가와 시민, 시장과의 관계를 중심으로 정리하면 다음과 같다.[15]

첫째, 국가-시민의 관계에서의 변화이다. 독거노인 안전을 위한 모니터링 강화와 기술적 기반의 강화는 필연적으로 사생활보호나 개인정보활용의 문제와 충돌할 수밖에 없다. 데이터 복지국가에서 고민해야 할 문제는 다음과

15 아래의 내용은 김수영 · 김수완(2022), 데이터 복지국가의 도래와 쟁점: 국가, 시민, 시장의 관계 지형을 중심으로, 한국사회복지정책학회 소모임 연구활동 지원 사업 발표문 중에서 저자가 작성한 내용을 일부 발췌, 인용한 것이다.

같다. 축적되는 공공데이터를 누가, 어디에, 어떻게 활용하도록 할 것인가? 국가에게 속한 공공데이터는 여전히 '국가'에게 속해 있다. 데이터 주권이 시민 개인에게 주어지는 마이데이터의 패러다임 전환이 사회보장 분야에서도 일어나야 한다고 할 때, 어떤 문제가 고려되어야 할 것인가? 취약계층, 아동, 고령자, 장애인, 정신질환자 등에 대해서는 어떤 고려가 필요한가? 디지털 격차 문제에 정보이용의 격차가 더해질 수 있다. 아직 연결되지 않은 수많은 데이터를 무엇을 위해, 어디까지 연결/통합하도록 허용할 것인가?

둘째, 국가와 시장의 관계이다. 기존에는 재정을 통해 민간을 전달체계로 포섭했던 복지국가가 이제는 "데이터"를 민간과의 협력 매개체로 삼게 되었다. 사회서비스 사업에 기술이 더해지면서 영리기관의 본격적인 참여가 시작된 것이다. 정부-제공자-이용자라는 전통적인 사회서비스의 삼각관계에 기술을 제공하는 민간기업이 결합되면서 전달체계의 문제도 한층 더 복잡해졌다. 민간기업이 서비스의 주요 주체로 들어오게 되었으며, 민간입장에서의 참여 유인은 수익과 테스트베드, 그리고 데이터의 확보다.

빅데이터가 국가와 시장의 공생관계를 창출하는 것과 마찬가지로, 복지기술은 사회서비스를 제공하는 공공부문과 비영리부문 간의 전통적인 민관협력에, 영리부문이 강력하게 결합되는 새로운 구조를 만들어내고 있다. 이러한 경향은 공공부문과 민간부문의 경계를 모호하게 만들고 있다. 정부기관은 대량의 데이터를 관리하고 분석하는 프로세스를 최적화할 수 있는 역량이 상대적으로 떨어지기 때문에 전문 영리 단체, 특히 첨단기술을 보유한 기업으로부터 지원을 받을 수밖에 없다.[16] 실제로 민간 영역의 기업과 전문가들은 정부의 요구에 부응하여 삶의 질을 향상하는 데 기여할 만한 기술 제품을 만

16 Fuchs et al(2013)

들고 있다. 이와 같은 공공과 민간의 협력은 데이터 관리와 활용에서의 책임과 권한을 가지는 주요 행위자를 식별하는 것을 어렵게 만들고 있다.[17]

디지털 기술을 활용한 보건복지 서비스 제공과정에서 축적되는 데이터의 성격은 빅데이터와 기존 데이터의 중간적 속성에 가깝다. 모니터링의 목적은 무엇이며, 어디까지 자료를 수집할 것인가? 데이터는 누가 관리할 것이며, 누가 어느 만큼 활용할 수 있게 할 것인가? 데이터를 활용한 서비스 제공을 어디까지 하게 할 것인가?

② 디지털 복지국가의 추진 원칙

정부의 역할

위와 같은 과제를 풀기 위해서는 디지털 기술을 통해 더 나은 삶과 사회를 만들어내도록 하는 국가의 역할에 주목할 필요가 있다. 그리하여 디지털 복지국가의 추진원칙을 제시하면 다음과 같다. 먼저 포용적이고 지속가능한 디지털 미래를 위해 디지털 역량과 인프라에 투자하는 것에 우선순위를 둘 필요성이 있다. UN(2022)은 이를 새로운 사회적 계약(new social contract)이라고 명명한다. 디지털 기술이 새로운 가능성을 열어주는 가능자(enabler)와 평등의 촉진자(equalizer)가 될 수 있도록, 선한 것을 위한 힘(force for good)이 되어야 한다는 것이다.

둘째, 디지털 기술을 이용한 혁신적인 서비스를 제공하기 위해서는 중앙정부와 지방정부 등 정부 간 협력, 정부와 기업 간 협업이 확대될 수밖에 없는데, 이러한 과정에서 중앙정부의 규칙 제정자(rule maker)로서의 역할이 요청

17 Ball & Wood(2013)

된다. 공공-민간 간의 협력적 파트너십에서는 특히 공공서비스 제공과정에서 축적되는 데이터에 대한 거버넌스 원칙과 시스템 마련이 반드시 필요하다. 또한 혁신 서비스 제공을 위한 중앙-지방정부 간 파트너십의 경우, 다음과 같은 역할 분담을 고려할 수 있다. 중앙정부에게 요구되는 역할은 기술기반 서비스 확산을 위한 촉진자(facilitator), 민간기업과의 협업을 위한 규칙 설정 및 서비스 품질 확보를 위한 규제자(regulator), 서비스 표준 모델 및 가이드라인 제시, 재정지원 등이다. 한편 지방정부의 역할은 혁신적 사회서비스 기획 및 제공, 서비스의 혁신적 제공을 위한 민관협력 주도 서비스 제공 구조화, 서비스 평가 및 환류, 생성되는 데이터 관리 및 활용 등이 될 것이다.

디지털 포용성

디지털 복지국가에서 가치적 측면으로 가장 중요한 개념은 디지털 포용성(inclusion by design, inclusion by default)일 것이다. 이는 국가가 정책적으로 디지털 접근을 우선적이고 기본적으로 확산하려는 '디지털 우선 정책'(digital first, digital by default)과는 구별되는 것으로서, 디지털 배제(digital exclusion)를 최소화하고 디지털 역량과 선호의 다양성을 인정하여 모두를 포용하려는 접근을 의미한다. 특히 아동, 고령자, 장애인 등의 취약계층에 대한 디지털 장벽(barriers)은 크게 세 가지 차원으로 설명된다.[18] 첫째, 디지털에 대한 접근성(access)의 차원이다. 디지털 서비스를 이용하기 위해서는 전기, 인터넷과 모바일, e-정보와 e-service 등에 대한 접근성이 확보되어야 한다. 저개발국의 경우 전기나 모바일 등의 인프라가 취약하여 취약계층에게 디지털 장벽이 높을 수 있다.

18 UN(2022)

둘째, 디지털을 이용하기 위한 비용 부담력(affordability)의 차원이다. 여기에는 인터넷 이용에 대한 비용 부담, 디지털 기기와 e-service 이용의 비용 등이 포함된다. 국가의 지원이 부재한 경우에는 자부담으로 디지털을 이용하는 것이 특히 취약계층에게 디지털 장벽으로 작용하게 된다. 셋째, 디지털과 관련된 역량(ability)이다. 여기에는 디지털 리터러시뿐만 아니라, 기본적인 언어 리터러시도 포함된다. 일반적으로 노인은 다른 연령층에 비해 디지털 리터러시가 낮다는 사실은 잘 알려져 있다. 저개발국의 취약계층인 경우에는 언어 리터러시가 일반 국민 평균에 미치지 못하는 경우가 많고, 디지털 리터러시는 더욱 취약하다.

따라서 취약계층의 디지털 장벽을 낮추기 위한 다차원적인 지원이 필요하며, 모두를 포용하는 전자정부의 통합적인 틀을 마련할 필요가 있다. 누구도 뒤처지지 않도록 포용하는 디지털 서비스는 다음과 같은 차원을 갖추어야 한다. 먼저 데이터(data) 차원에서 취약계층의 특정 욕구에 따른 정보를 제공할 수 있어야 한다. 또한 디자인(design) 차원에서 '사람'을 정책 과정과 서비스 제공의 중심에 두어야 한다. 또한 전달체계(delivery)의 차원에서 가장 뒤떨어져 있는 이들에게도 접근이 가능한 방식으로 제공되어야 한다.

참고문헌

관계부처합동(2021), 마이데이터 발전 종합정책.

김수완, 임정원, 최종혁(2021), 「복지기술은 사회혁신인가 : 독거노인을 위한 기술기반 돌봄서비스 사례 연구」, 비판사회정책, 71, 7-41.

김왕동, 성지은, 송위진, 김종선, 장영배, 박미영(2012), 「과학기술을 통한 창조 복지국가 실현 방안」, 정책연구, 1-257.

김정현, 한은희(2021), 「노인복지 사각지대 발굴 가능성 향상을 위한 탐색적 연구: 복지사각지대발굴관리시스템 개선방안을 중심으로. 노인복지연구」, 76(3), 65-90.

디지털플랫폼정부위원회(2023), 디지털플랫폼정부 실현계획(2023. 4. 14)

보건복지부(2019), 사회보장 정보전달체계 개편 기본방향.

보건복지부(2020), 2020년도 독거노인 · 장애인 응급안전안심서비스 사업안내.

심연숙(2021), 「마이데이터 활용의 국내외 현황 및 활성화 방안」. The Journal of the Convergence on Culture Technology(JCCT) 6(4), 553-558.

이기호(2021), 「마이데이터 정책 추진 현황 및 보건복지 분야의 과제」, 보건복지포럼, 2021(11), 52-68.

이병남(2021), 「데이터 주권과 개인정보 이동권」, 2021 데이터주권 웨비나 1차 발표자료, 경기: 경기도청.

이우식, 김인수, 최솔지, 박규범, 황진섭(2020), 「복지사각지대 발굴관리시스템 예측모형 개선방안 연구」, 서울: 한국사회보장정보원.

최종혁, 김수완(2017), 「공공복지전달체계에서의 복지기술 활용에 관한 연구: 사회보장정보시스템(행복e음)에 대한 사회복지공무원 인식을 중심으로」, 사회복지정책 44(4), 188- 222

최현수(2019), 「차세대 사회보장정보시스템 기반의 '찾아 주는 복지서비스' 지원을 통한 포용과 혁신의 복지 패러다임으로의 전환」, 보건복지포럼, 2019(8), 53-61.
클라우스 슈밥(2016), 『제4차 산업혁명』, 메가스터디북스.
한국데이터산업진흥원(2019), 「마이데이터 서비스 안내서」.
한은희, 최윤희(2020), 「해외동향: 아동보호분야의 위험예측모형 활용 현황 및 시사점」, 사회보장정보 이슈리포트, 제22호, 1-19.
행복커넥트(2020), 「행복커뮤니티 백서: 행복커뮤니트 독거 어르신과 인공지능의 행복한 동행 365일」, 대전: 행복커뮤니티.
Ball, K. S., & Wood, D. M.(2013), Political Economies of Surveillance, Surveillance & Society, 11(1/2), 1-3.
Fuchs, C., K. Boersma, A. Albrechtslund, & M. Sandoval, (eds), (2013), Internet and Surveillance: The Challenges of Web 2.0 and Social Media, London: Routledge.
Soendergaard, D. C.(2014), *Future Challenges and the Role of Welfare Technology, International Conference on Welfare Technology*, Nordic Center for Welfare and Social Issues.
UN(2022), E-Government Survey 2022, The future of digital government.
West, D. M.(2011), The Next Wave: Using Digital Technology to Further Social and Political Innovation, Washington DC: Brookings Institution Press.

제 3 장

스마트 복지 서비스 동향: 노인복지 현장 사례를 중심으로

박영란 *

* 강남대학교 실버산업학과 교수, 국제제론테크놀로지학회 부회장

Ⅰ. 스마트 복지 시대의 도래

사회복지 서비스 분야의 디지털 전환(digital transformation)은 코로나19 위기를 겪으면서 본격 시작되었다. 2016년 다보스 세계경제포럼 이후 4차 산업혁명 담론과 정책이 확산되었으나 사회복지 분야에서는 별로 움직임이 없었다. 그러나 코로나19 시기에는 복지 시설 이용자가 급감하고, 생활시설 면회가 어렵게 됨에 따라 복지관 TV 채널 개설 및 다양한 유형의 비대면 서비스를 시작하게 되었다. 이 시기에 인공지능과 로봇 같은 디지털 기술이 발달하면서 개인의 건강 증진과 삶의 질 향상에 도움이 되는 다양한 기기가 개발되었고 복지서비스 현장에도 서서히 보급되었다.

최근 사회복지 현장에서는 복지기술을 활용한 서비스가 확대되는 추세이다. 특히 급속히 진행되는 디지털 생활환경의 변화 속에서 디지털 격차 해소와 문해력 향상에 대한 사회적 관심이 커졌으며, '스마트 복지' 실천이 당연시되는 시대가 되었다. '스마트 복지'란 디지털 기술을 활용한 복지 서비스 제공을 의미하며, 이는 복지 서비스를 제공하기 위한 디지털 환경 조성, 데이터 기반 복지 기관 운영 및 디지털 기기를 활용한 프로그램 개입을 모두 포함한다. 이 글에서는 노인복지서비스 현장에 초점을 맞추어서 최근 디지털 기반 서비스 사례를 소개하고, 스마트 복지의 확산을 위해 필요한 과제를 제시하고자 한다.

Ⅱ. 스마트 노인복지 실천 사례

1. 노인복지 분야의 복지기술 관련 정책 동향

우리나라는 저출산으로 인한 급속한 인구고령화가 사회문제로 대두되면서 저출산 · 고령사회기본법(2005), 고령친화산업진흥법(2006), 노인장기요양보험법(2007), 치매관리법(2011), 노후준비지원법(2015)이 제정되었다. 보건복지부는 2008년부터 치매 문제에 대응하기 위한 치매관리종합계획을 수립하였고, 독거노인 증가에 따른 고독사 문제 예방을 위해서 2012년 독거노인 종합지원 대책을 수립하였다. 2020년에는 고독사 예방 및 관리에 관한 법률을 제정하고 제1차 고독사 예방 기본계획(2023~2027년)을 발표하였다. 정부는 2012년 사회보장기본법을 전면 개정하여 사회서비스 정책을 수립하였으며, 2017년에는 '커뮤니티 케어(지역사회통합돌봄)' 정책을 발표하고, 2018년에는 지역사회 통합돌봄 기본계획을 수립하였다.

최근 초고령사회 진입에 대한 관심이 증가하는 가운데 디지털 기술 관련 고령사회 정책이 확산되는 추세이다. I-Korea 4.0은 2020년 한국형 '디지털 뉴딜'로 이어졌고, 4차산업혁명위원회는 2022년 디지털플랫폼정부위원회로 전환되었다. 정부는 고령친화산업과 연계하여 돌봄로봇 등 복지기술 R&D를 강화하는 추세이며 복지관, 요양시설 등을 리빙랩으로 지정하여 4차산업혁명 기술 기반 다양한 기술을 활용한 생활밀착형 서비스 기반 조성 사업을 추진 중이다.

제4차 저출산 · 고령사회기본계획(2021~2025)은 기술혁신을 통한 스마트 돌봄 체계로의 전환 및 고령화 대응 사람 중심의 기술혁신 지원체계 구축 과제를 제시하였다. 제3차 사회보장기본계획(2024~2028)은 AI · 빅데이터 등 디지털 기술을 활용하여 돌봄 · 재활 서비스를 개선하는 사업을 포함하였고, 최근 국내 사회서비스 현장에는 신기술 기반 스마트 복지 서비스 사례가 증가하는 추세이다. 보건복지부는 2023년 12월에 발표한 「제1차 사회서비스 기본계획(2024~2028)」에 '복지기술'이라는 용어를 명시하였고, 복지기술을 활용한 서비스 활성화를 정책 목표로 제시하였다. 아울러 제5차 과학기술기본계획(2023~2027)은 과학기술 기반 국가적 현안 해결 및 미래 대응 과제에 '100세 시대 과학기술 기반 국민건강 증진'이 포함되었다. 세계보건기구(WHO) 또한 전 세계적으로 인구가 노령화되고 비전염성 질병이 증가함에 따라 보조 기술(assistive technology)의 필요성을 강조하였다.

2. 복지기술과 노인복지서비스 적용 사례

한국사회보장정보원은 우리나라 노인복지서비스 전달체계의 기본적인 데이터 관리 플랫폼을 제공한다. 한국사회보장정보원은 사회보장정보시스템(행복e음), 지역보건의료정보시스템, 사회서비스전자바우처, 보육통합정보시스템, 사회복지시설정보시스템, 취약노인지원시스템, 노인맞춤돌봄시스템, 복지로, G-health(공공보건포털)를 통해 데이터 기반의 노인복지 시설 운영을 지원한다.[1] 보건복지부는 차세대 사회보장정보시스템을 구축하여 지능정보 기술을 활용한 '찾아 주는 복지서비스 지원 패러다임'으로 전환하기 위한 정책을 추진 중이다. 이와 같은 정책 환경 속에서 노인복지 서비스 분야에는 신기술을 활용한 새로운 서비스 유형이 나타나고 있다.

가. 스마트 노인복지관

사회서비스 분야에서 기술과 연관성이 비교적 큰 영역은 장애인복지[2]와 노인복지[3]이다. 복지급여로 제공되는 장애인 보조기구나 노인 복지용구가 대부분 첨단기술 제품은 아니지만 최근 인공지능 스피커, 동작감시 센서, 반려로봇 등 다양한 디지털 기기가 접목되기 시작했다. 특히 노인복지관에서는 최근 다양한 디지털 기기를 접목한 복합공간을 조성하여 노인복지관 이용자들의 디지털 격차 문제 해소를 목적으로 하는 다양한 프로그램을 제공하고 있다.

노인복지관들은 행정업무를 처리하기 위해서 사회보장정보시스템(행복이음)과 진우정보시스템을 활용하고 있다. 프로그램 참여 회원 관리를 위해서는 전자회원카드를 사용하고 있으며, 식권 발급을 위한 키오스크도 도입하고 있다. 노인복지관은 모두 컴퓨터 교육을 위한 정보화 교실을 갖추고 있으며 스마트폰 교육에 대한 수요가 커지면서 컴퓨터 외 디지털 기기를 이해할 수

---

1 한국사회보장정보원 관련 내용은 기관 홈페이지에서 발췌함(http://www.ssis.or.kr)

2 장애인복지법 제6장 제65조(장애인보조기구)에서 ①"장애인보조기구"란 장애인이 장애의 예방 · 보완과 기능 향상을 위하여 사용하는 의지(義肢) · 보조기 및 그 밖에 보건복지부장관이 정하는 보장구와 일상생활의 편의 증진을 위하여 사용하는 생활용품을 말한다.

3 노인장기요양보험법 제4장 제23조(장기요양급여의 종류) 1. 재가급여 가운데 바. 기타재가급여(수급자의 일상생활 · 신체활동 지원 및 인지기능의 유지 · 향상에 필요한 용구(18개 품목)를 제공하거나 가정을 방문하여 재활에 관한 지원 등을 제공하는 장기요양급여로서 대통령령으로 정하는 것

있는 프로그램이 증가하였다.

최근 노인복지 현장의 스마트 복지서비스는 복합공간 조성과 함께 확대되는 추세이다. 2014년 안양노인복지관은 ICT 기기와 콘텐츠를 활용하는 복합공간인 힐링센터를 운영하였으며 이후 건강보듬터 사업으로 발전하였다. 아산시노인종합복지관은 2019년 기업의 후원으로 아산시스마트인지건강센터를 설립하였고, 서초중앙노인종합복지관은 2020년 스마트 시니어 IT 체험존을 개관하였다. 이천시노인종합복지관은 지자체의 지원과 기업의 후원으로 2021년 ICT 기반 문화복합공간인 ICT사랑방을 설치함으로써 본격적인 디지털 복지 사업의 시대를 견인하게 되었다. 코로나19 위기는 전국 노인복지관에 자체 방송채널을 만들었고, 사회복지사들이 비대면 서비스에 대한 관심과 경험을 쌓게 하는 계기가 되었다.

이후 서울 강남구는 강남시니어플라자의 스마트라운지(2021), 강남노인복지관의 메타버스체험관(2022)과 논현노인복지관의 스마트피트니스센터(2024)를 만들었고. 종로노인종합복지관의 시니어 디지털센터(2022), 성남시분당노인종합복지관의 스마트 헬스케어존(2022), 용인시 수지노인종합복지관의 스마트 존(2022), 청주서원노인복지관의 ICT해피에이징(2024), 충청북도노인종합복지관의 충북스마트시니어체험관(2024), 부산시 영도구노인복지관의 스마트 노인복합문화공간(2024) 등으로 확산되었다. 서울시는 스마트 노인복지관 조성사업을 시작하였으며 노원노인종합복지관 스마트 시니어 플레이스(2024)와 도봉노인복지관의 스마트헬시라운지(2024)가 운영을 시작하였다. 이와 같이 스마트 노인복지관 운영사업은 전국적으로 확대되는 추세이다.

〈그림 1〉 스마트 노인복지 서비스 운영 사례

아산시스마트인지건강센터

이천노인종합사회복지관 ICT사랑방

노원노인종합복지관 스마트시니어플레이스

강남시니어플라자 스마트라운지

한편 목동어르신복지관은 2019년부터 '골든서클' 사업을 통해서 이용자들에게 웨어러블 기기를 보급하고 일상생활 데이터를 수집하여 신체와 정신건강 증진을 위한 사례관리 서비스를 제공하였으며, '스마트 건강팔찌'를 활용한 자가관리 역량 강화 및 노쇠예방 사업을 추진 중이다. 한국노인종합사회복지관은 2021년 골든서클 사업 모델을 토대로 공동모금회 지원을 받아 코로나19 위기에 대응하는 홈(HOME) 복지관 사업을 추진한 바 있다.

〈그림 2〉 노인복지관 기반 스마트 건강관리 서비스 사례

목동어르신복지관 골든서클 사업

한국노인종합복지관협회 HOME 복지관

스마트 노인복지관은 진화하고 있다. 컴퓨터 교육으로 시작한 노인복지관의 정보화교육은 스마트폰과 키오스크 관련 디지털 문해력 향상 교육으로 확장되었다. 노인복지관의 스마트 복지 공간 운영은 가상현실기술, 로봇 기술, 인공지능 기술 등을 접목한 디지털 기기의 유형이 다양해지면서 디지털 기기 체험과 사용교육, 디지털 기술 기반 여가활동 및 건강관리 프로그램 운영으로 새롭게 변화하고 있다.

그러나 전국에 약 400개 노인복지관 가운데 스마트 복지 공간을 보유하고 있는 곳은 소수이다. 아직 중앙정부와 지자체의 관심, 재정 지원 및 전문 인력 공급이 부족한 상황이다. 또한 개별 프로그램 차원이 아닌 전체 복지관 회원 대상으로 데이터 기반의 체계적이고 통합적인 회원관리를 하는 복지관은 거의 없는 상황이므로 노인복지관의 디지털 전환은 이제 시작단계라고 할 수 있다. 스마트 노인복지 서비스의 표준모델을 개발하고, 이를 뒷받침할 연구개발 인프라와 스마트 노인복지 전문 인력 양상이 시급하다.

나. 스마트 독거노인 돌봄서비스

보건복지부가 2007년부터 추진한 독거노인 돌봄서비스는 여러 단계를 거쳐서 2020년 노인맞춤돌봄서비스로 통합되었다. 중앙은 독거노인종합지원센

터가 중앙노인돌봄지원기관 역할을 수행하고, 시 · 도 단위의 광역지원기관 및 시 · 군 · 구의 지역수행기관으로 서비스 전달체계가 구축되었다. 지자체별 수행기관에서는 생활지원사를 고용하여 독거노인 약 30만 명에게 안부확인 및 자원연계 서비스를 제공하고, 장기요양 등급 외 A · B자 중 중위소득 160% 이하 약 5만 명을 대상으로 가사지원 바우처 서비스를 제공한다. 노인맞춤돌봄서비스는 ICT 기술을 활용한 스마트 돌봄서비스도 제공한다. 맞춤돌봄서비스 이용자 중에는 보건복지부의 독거노인응급안전안심서비스를 받는 노인도 있다.

서울시의 경우에는 2017년부터 독거노인 가정에 IoT 기기를 설치해 비대면 돌봄 서비스를 제공하는 '취약어르신 안전관리 솔루션 사업'을 통해 건강, 안전, 사회적 관계망 등이 취약한 노인 약 10,000가구에 센서를 설치하고, 빅데이터 분석 기반 맞춤형 안전관리서비스를 제공하고 있다. 노인 가구에서 감지된 데이터는 각 수행기관 및 광역기관에서 실시간 모니터링하며 일정 시간 동안 움직임이 감지되지 않거나 온도 · 습도 · 조도 등에 이상이 있을 경우 즉시 확인하거나 119에 신고하는 등 신속하게 대응한다. 데이터는 광역기관 상황판과 담당 생활지원사 휴대기기로 전송된다.

서울, 경기, 부산, 대구, 광주, 전북, 강원, 충남 등 전국 128곳 시군구에서는 약 3만 명의 독거노인 및 중장년 1인 가구의 안전 확인을 위해 인공지능 안부전화 서비스(클로바 케어콜(CLOVA CareCall))를 제공하고 있다.[4] 이 서비스는. 인공지능 기술을 활용하여 '목적성 안부 대화' 기능을 제공하고, 재난 공지 안내 및 피해 사실 확인 등을 지원해 지자체 및 관계 기관의 업무를 지원함으로써 실무자들이 업무를 보다 효율적으로 수행하도록 돕는다.

한편 SK텔레콤과 SK행복커넥트는 인공지능이 탑재된 스피커 NUGU(누

4 출처: https://www.aitimes.kr/news/articleView.html?idxno=32133

구)를 통해 돌봄서비스를 제공하고 있으며, 전력사용량과 통신 빅데이터 및 돌봄 앱을 통해 대상자의 안부 상태를 분석하여 이상예측 발생 시 AI전화로 안부확인 및 긴급 시 현장에 출동하여 약 5만 가구를 대상으로 고독사 예방 기능을 제공한다.

〈그림 3〉 독거노인 대상 스마트 돌봄 서비스

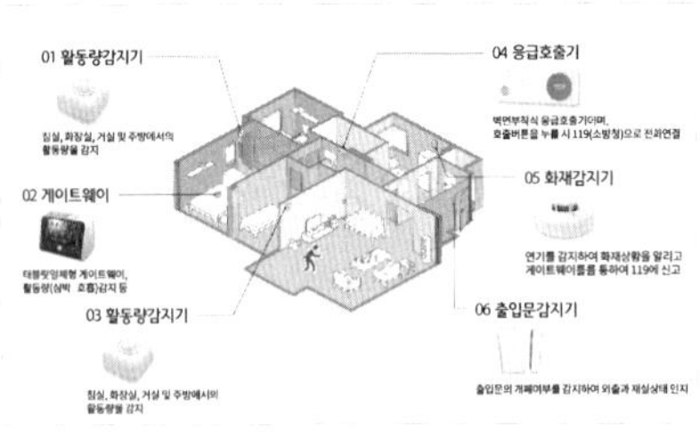

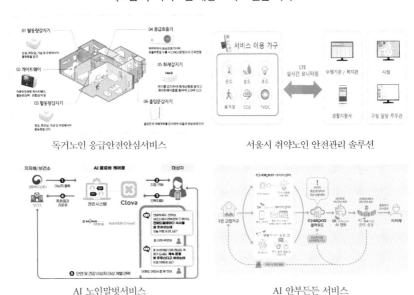

독거노인 응급안전안심서비스

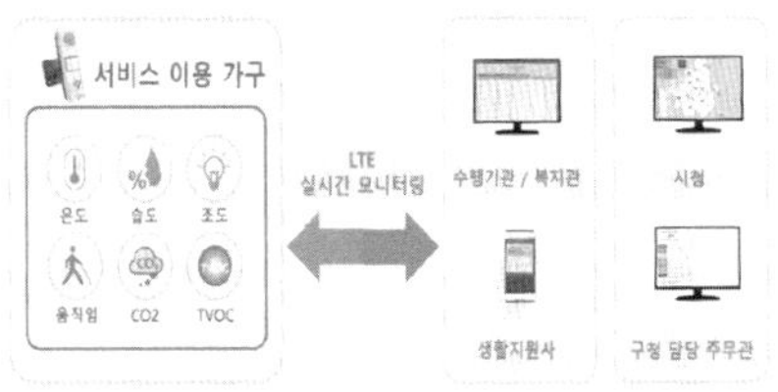

서울시 취약노인 안전관리 솔루션

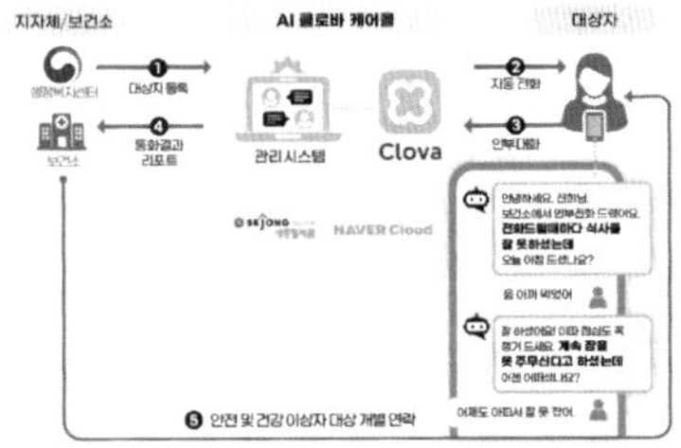

AI 노인말벗서비스

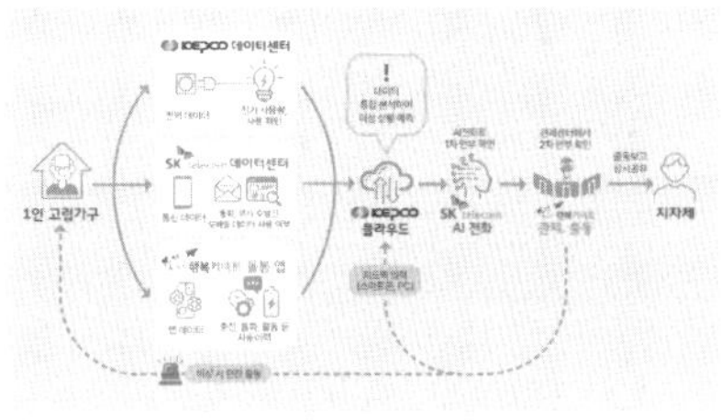

AI 안부든든 서비스

최근 독거노인을 대상으로 반려로봇 보급 사업도 확대 추세이다. 반려로봇은 인간과 상호작용하여 사회적 기능을 수행하는 소셜로봇(social robot)으로 서비스 로봇 중 주로 개인들의 생활지원, 교육, 돌봄, 엔터테인먼트, 안내 등과 같은 사회적 기능을 수행한다.[5] 돌봄로봇은 인공지능(AI)과 5G를 통한 사

5 KPMG(2016). Social Robot. KPMG, 과학기술정보통신부/한국과학기술기획평가원(2019). 2019 기술영향평가결과: 소셜로봇의 미래

물인터넷 기능이 첨부되면서 인간과 로봇의 상호작용이 사물인터넷에서 생성된 데이터와 결합하여 실시간 모니터링 및 맞춤형 돌봄서비스를 제공한다. 초기 돌봄로봇은 고령화로 인한 간병인의 부족 문제를 해결하는 것이 주요 목적이었으나 코로나19 팬데믹 이후 인공지능과 사물인터넷을 활용해 사회적 약자에게 정서적, 인지적, 신체적 지원을 제공하는 스마트 돌봄 제공자로 주목을 받고 있다. ㈜로보케어의 보미와 실벗, 한국과학기술원의 마이봄, ㈜효돌의 효돌, 원더풀플랫폼의 다솜, 미스터마인드 로봇, 토룩의 리쿠, 서큘러스의 파이보 등이 현장에 보급되었다. 한편 삼성과 LG도 스마트홈 기능을 탑재한 돌봄로봇의 상용화를 앞두고 있다.

〈그림 4〉 독거노인 대상 돌봄 로봇 서비스

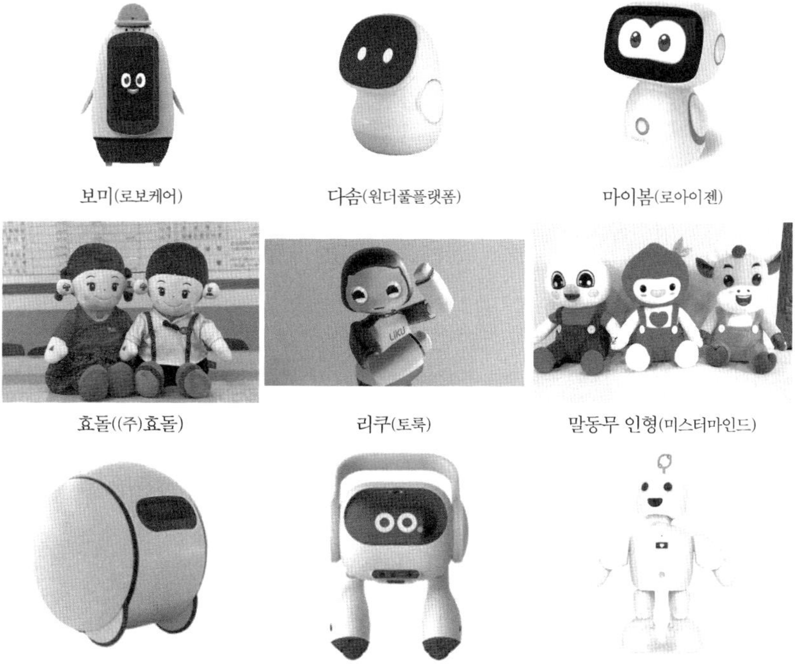

보미(로보케어) 다솜(원더풀플랫폼) 마이봄(로아이젠)

효돌((주)효돌) 리쿠(토룩) 말동무 인형(미스터마인드)

볼리(삼성전자) 스마트홈 AI에이전트(LG) 파이보(서큘러스)

다. 스마트 요양원

한국지능정보사회진흥원(NIA)은 2018년 사회현안 해결 지능정보화 사업의 일환으로 스마트 안심 요양 서비스(요양환자, 환자 가족, 요양보호사를 위한 ICT 활용 서비스 개발 및 관련 데이터를 수집 · 저장 · 분석할 수 있는 서비스 플랫폼 구축 및 실증) 공모사업을 추진하였다. 이 시범사업은 부산에서 컨소시엄(에스씨티, 이안, 리노스, 효성복지재단)을 통해 추진되었으며 한국 최초 스마트 요양원 모델이 개발되었다. 이 사업은 스마트 헬스케어 플랫폼 요소를 갖추었다.[6] 즉 요양원 내 스마트 요양 서비스 지원, 비대면 방문예약, 비대면 영상통화 예약 등의 서비스 및 요양지식 라이브러리 챗봇 시스템을 운영함으로써 입소자의 요양 생활 지원, 보호자의 입소자 상태 모니터링과 요양보호사의 업무 경감 등을 목표로 하였다. 이후 다른 요양시설에서도 낙상예방 시스템 등을 갖추기 시작했으나 아직 통합 플랫폼을 활용한 요양원 운영은 널리 환산되지 않고 있다.

한편 보건복지부와 산업통상자원부는 2019년부터 2022년까지 돌봄로봇 개발을 적극 추진하였다. 보건복지부는 기존의 돌봄 문제를 해결하기 위해 기술개발, 중개연구, 현장실증, 제도개선 등을 포함한 통합적인 접근을 하였으며 돌봄 서비스의 질을 향상시키고 돌봄 서비스 제공자의 부담을 줄이는 것을 목표로 하고 있다. 국립재활원에서는 공모사업을 통해 이승, 욕창예방

---

6 NIA 스마트 요양원 구성 요소

- 요양환자: 배변 · 욕창 · 수면 · 공기 질 관리, 인지 강화 훈련, 기초 건강 모니터링, 낙상 방지 서비스 제공
- 요양보호사: 근골격계 예방, 요양 일지 작성 지원, 요양 지식 라이브러리 구축
- 환자가족: 앱 기반 요양환자 관리 정보 제공 및 방문 예약 실시
- 요양환자의 헬스케어 데이터를 수집, 저장, 관리를 위한 개방형 플랫폼 구축
- 실증: 효성복지재단(효성노인건강센터, 효성제인노인건강센터 2개소)

및 자세변환, 배설, 식사 등을 도울 돌봄로봇 4종 연구개발 사업을 수행하였다. 이후 2023년부터 수요자 중심 돌봄로봇 및 서비스 실증 연구개발 사업을 추진 중이다.

〈그림 5〉 디지털 기술을 활용한 요양서비스 사례

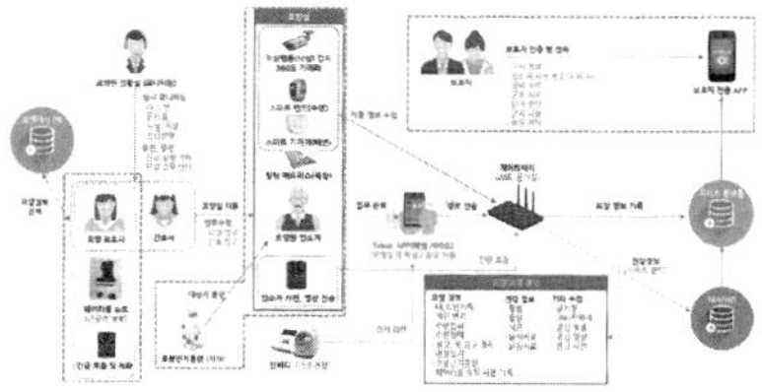

NIA 스마트 요양원 모델[7]

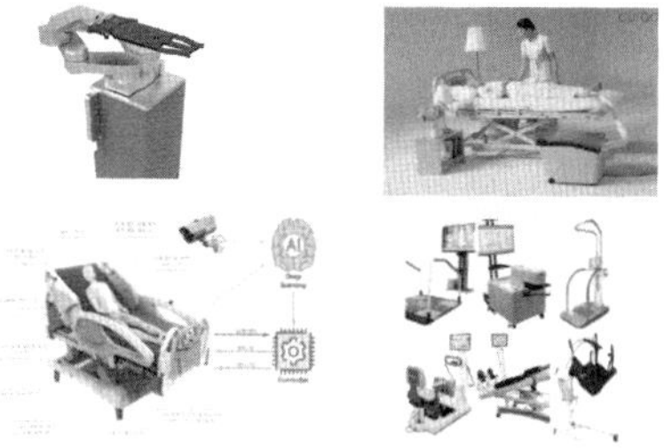

국립재활원 돌봄로봇 중개사업 연구

라. 스마트 경로당

과학기술정보통신부와 한국지능정보사회진흥원(NIA)은 2021년부터 스마트 경로당 사업을 시작하였다. 스마트 경로당 사업은 과학기술정보통신부의 대표 지역사업인 스마트 빌리지 보급 · 확산 사업의 일환으로 추진 중이다. 지자체가 중앙정부 예산을 지원받아 개별적으로 추진하고 있다. 스마트 경로당의 핵심서비스는 기존 경로당에 실시간 영상통신 솔루션을 설치하고, 노인종합복지관과 같은 노인을 위한 프로그램 제공기관과 다수의 경로당을 연결해 경로당 이용 노인들에게 각종 여가활동 · 복지 · 건강 · 교육 프로그램을 제공하는 것이다.[8] 스마트 경로당은 부천시 등 전국에 약 2,000개가 조성되었다.

7 https://www.kca.kr/hot_clips/vol72/sub04_3.html

8 https://www.faireconomy.news/news/articleView.html?idxno=241

〈그림 6〉 스마트 경로당 사업 모델

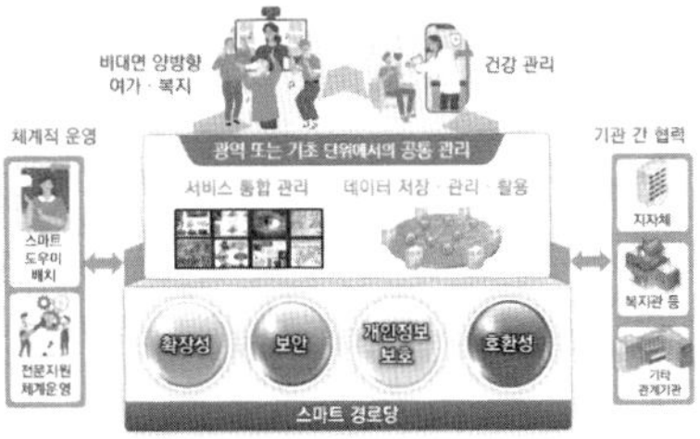

스마트 경로당 시스템 개념도

스마트 경로당 구축 모형(부천)[9]

스마트 경로당은 노인 디지털 격차 해소와 건강관리를 목적으로 한다. 서울 관악구 2023년 자치구 최초로 스마트 경로당 10개소를 구축했다. 스마트 경로당은 스마트 헬스케어 시스템(사물인터넷 건강측정기기를 활용한 개인 맞춤형 건강관리), 화상 플랫폼을 활용한 온라인 여가복지 프로그램, 디지털 격차해소를 위한 체험키오스크 등을 중심으로 다양한 모델이 존재한다. 서울시는 기존 일자리사업을 활용하여 '스마트 경로당 동행단' 참가자를 모집하여 경로당에 파견하고 있다. 대전 유성구 또한 과학기술정보통신부의 스마트 빌리지 보급 및 확산 사업 공모에 선정되어 총 120개소의 스마트경로당 구축을 완료했다.

과학기술정보통신부와 한국지능정보사회진흥원(NIA)이 2019년부터 지원하는 스마트 빌리지 사업은 지역사회를 대상으로 정보통신기술(ICT) 기반 스마트 서비스의 도입을 촉진하는 데 목적이 있다. 스마트빌리지 사업은 2019년부터 2022년까지 총 280억 원을 투입해 24개 지자체, 67개 과제가 진행됐다.[10] 2022년에는 예산이 100억 원으로 증액되었고, 2023년 632억 원, 2024년 1,039억 원 배정되었다. 스마트 도시 중심으로 추진된 기존 디지털 정책의

9 https://www.koit.co.kr/news/articleView.html?idxno=81337

10 출처 : 정보통신신문(http://www.koit.co.kr)

대안으로 농어촌 등 지역의 디지털 인프라 강화에 초점을 맞추고 있다. 경로당 외 스마트 빌리지 사업은 전라남도가 2024년 도내 우울증 고위험군 노인 1,100가구에 돌봄 로봇을 보급한 사례가 있다. 성남시는 경로당과 노인복지관에 인지훈련용 로봇 등 디지털 기기를 보급하였다.

Ⅲ. 향후 과제

급속한 디지털 기술의 발전은 노인복지 현장에도 괄목할 만한 변화를 가져왔다. 특히 코로나19 팬데믹은 타 분야에 비해 정보화 속도가 더디게 진행되던 노인복지 기관에도 디지털 전환의 기회를 가져왔고, 스마트 복지 혁신사례를 창출하는 계기가 되었다. 그러나 이러한 변화는 노인복지 서비스 현장에서 자발적으로 기획되고 실행되었다기보다는 10여 년 전부터 정부가 추진한 사회문제해결형 R&D 정책과 디지털 뉴딜 사업 등을 통해서 시작되었다. 최근 노인은 디지털 세상에서 가장 소외된 집단으로 주목받기 시작하였고, 노인복지관과 경로당은 노인의 디지털 격차 해소를 위한 교육기관으로 자리매김해 가고 있다. 그러나 이것은 노인복지 서비스의 일부분일 뿐이다.

디지털 헬스케어 패러다임으로 진입한 의료분야에 비하면 노인복지 서비스 현장은 아직 대응 인프라가 매우 취약한 상황이다. 초고속의 속도로 인구고령화가 진행되는 한국은 디지털 기술을 적극 활용하여 다양한 문제를 예방하고 해결해나갈 필요가 있다. 2024년 65세 이상 고령인구는 약 994만 명으로 전체 인구의 19.2%이며, 65세 기대여명은 20.7년, 75세 기대여명은 12.6

년이다.[11] 이 가운데 장기요양인정자 비중은 10.8%로 인구 고령화에 따라 증가하는 추세이다. 65세 이상 고령자의 치매유병율은 10.3%이고 2024년 치매상병자수는 약 100만 명으로 추계되었다. 노인장기요양보험제도의 등급 판정을 받은 노인은 전국의 4,525개 노인요양시설, 1,641개의 노인요양공동생활가정, 7,192개의 방문요양서비스, 3,397개의 주야간보호비스, 4,070개의 방문목욕서비스, 295개의 방문간호서비스를 통해 돌봄서비스를 받고 있다. 한편 노인여가복지시설인 경로당은 69,000개, 노인복지관은 438개가 있다. 그렇다면 노인복지 분야에서 '스마트 복지'를 본격 실행하기 위해 필요한 것은 무엇인가?

이제 시작 단계인 노인복지 분야의 디지털 전환과 스마트 복지 실천이 무엇을 의미하는지 재점검하고, 중장기 발전 전략과 사업을 본격적으로 기획해야 할 시점이다. '스마트 복지'는 공식적인 정의가 아직 없는 비교적 새로운 현상이자 개념이다. 그러나 스마트 헬스케어, 스마트 공장, 스마트 홈, 스마트 도시, 스마트 농업 등 타 분야에서 적용되고 있는 개념정의에 비추어 보면, 스마트 복지는 '정보통신기술 및 각종 첨단기술과 복지를 연결하여 언제 어디서나 문제 진단, 개입, 사후 관리 등의 복지서비스를 제공하고 서비스 가치를 혁신'하는 것으로 정의할 수 있다.[12] 복지서비스의 디지털 전환은 사업의 모든 영역에서 디지털 기술과 솔루션을 통합하는 과정이다. 이것은 기술적 변화인 동시에 기관의 운영 방식과 서비스 제공 방식에 있어서 근본적인 변화

11 통계청(2024), 2024 고령자 통계.

12 스마트 헬스케어(디지털 헬스케어)는 개인의 건강과 의료에 관한 정보, 기기, 시스템, 플랫폼을 다루는 산업분야로 건강 관련 서비스와 의료 IT가 융합된 종합의료서비스이다. 각종 정보 기술(IT)을 활용하여 언제 어디서나 건강 관리를 받을 수 있는 원격 의료 서비스이다.(https://ko.wikipedia.org/)

를 필요로 하는 문화적 변화이다.[13] 따라서 노인복지의 디지털 전환은 데이터 기반 '수요자 중심 통합서비스 제공'을 목표로 해야 한다.[14] 노인복지 서비스의 효과성을 효율성을 제고하기 위한 의 근본적인 변화를 위한 과제를 다음과 같이 제시하고자 한다.

첫째, 스마트 노인복지 정책 수립이다. 정부는 스마트 홈, 스마트 시티, 스마트 공장, 스마트 병원, 스마트 농장 등 다양한 분야에서 디지털 전환 사업을 추진 중이다. 그러나 노인복지 분야을 포함한 사회서비스 전달체계의 디지털 전환은 상대적으로 더디게 진행 중이다. 시설평가 지표에는 정보화 관련 내용이 포함되어 있고, 현장의 많은 사회복지사가 사회보장정보시스템을 이용하고 있지만 아직 사회복지 분야의 디지털 전환에 대한 개념 정립과 종합 대책은 미비한 상황이다. 제4차 저출산 · 고령사회기본계획(2021~2025)의 스마트 돌봄기술 개발 및 보급, 사회서비스 고도화 전략의 복지기술 기반 조성, 제5차 과학기술기본계획(2023~2027)의 100세 시대 과학기술 기반 국민건강 증진 등을 근거로 노인복지 분야에서 보다 적극적으로 발전계획을 수립하고 관련 예산을 확보해 나갈 필요가 있다.

둘째, 스마트 복지 시대에 걸맞는 노인복지 시설 운영 가이드라인과 평가지표의 개선이 필요하다. 스마트 복지의 핵심은 업무 프로세스의 디지털화에서 더 나아가 수요자 데이터 기반의 서비스 제공 및 조직 관리이다. 스마

13 박영란, 새 정부에 바란다: 스마트 복지, 복지타임즈, 2022.04.13.

14 스마트 복지란 인공지능(AI), 데이터 분석, 디지털 플랫폼 등 첨단기술을 활용해 사회 복지 시스템의 효율성, 접근성, 개인화를 향상시키는 것을 의미함. 스마트 복지의 목표는 시스템의 비효율성을 줄이는 동시에 서비스가 가장 필요한 사람들에게 다가갈 수 있도록 하는 데 있음. 스마트 복지의 주요 요소: ① 데이터 기반 결정: 빅 데이터와 인공지능을 활용한 맞춤 서비스 제공 및 미래 수요 예측 ② 자동화: 기술을 사용하여 관리 작업을 자동화 ③ 개인화: 맞춤형 복지 프로그램 개발 ④ 디지털 플랫폼 구축: 사용자 친화적인 디지털 시스템 구현으로 접근성 제고(출처: ChatGPT)

트 복지는 디지털 데이터에 기반한 사회복지 실천을 요구한다. 데이터는 개인 또는 조직 단위에서 생성된다. 복지 분야에도 의료분야의 개인건강기록(PHR(Personal Healthcare Record))과 같은 표준 서비스 이용자 데이터 관리 시스템을 구축해야 차세대사회보장정보시스템과 같은 데이터 관리 시스템의 효과성과 효율성이 높아질 것이다. 노인복지서비스의 표준화 및 성과관리를 위한 최첨단 디지털 인프라 구축이 함께 진행되어야 할 것이다. 업무의 자동화, 클라우드 기반 서비스 이용자 DB 관리, 실시간 서비스 이용자 데이터 확인에 따른 개입 등을 통해 서비스의 효과성과 효율성을 향상시킬 필요가 있다.[15] 노인복지 서비스 전달체계의 인터넷 환경, 디지털 기기 활용 현황, 노인복지 서비스 제공자 및 이용자의 디지털 역량 수준 등을 진단하고 이를 토대로 발전계획이 나와야 한다.

셋째, 디지털 전환 역량을 갖춘 전문인력 양성이 시급하다. 서비스 제공 실무자의 디지털 역량 강화 없이는 스마트 복지 구현이 불가능하다. 최근 복지기술에 관한 관심이 증가하고 디지털사회복지학회가 창립되었지만 사회복지사 양성과정에 디지털 역량 교육내용은 거의 없다. 사회서비스 분야의 디지털 역량 진단 결과에 따른 사회서비스 직무별 디지털 역량 강화 교육과정 개발, 사회서비스 디지털 역량강화 교육과정 운영 인프라 구축, 사회서비스 인력 대상 디지털 역량 보수교육체계 운영 등 보다 체계적인 접근이 필요하다. 스마트 복지와 윤리적 이슈 등 구체적인 교육과정 개발 또한 시급하다.

---

15 스마트(SMART) 복지 개념은 스마트 시니어 센터 모델 연구에서 개발된 이용자 맞춤서비스(Senior(Service) user's needs-based), 데이터 기반 플랫폼 구축(Management of data), 활동적 생활환경(Active and assisted Living), 지속가능한 생태계 관리(Responsible and sustainable eco-system), 디지털 기술개발(Technology for digital transformation) 속성 등 참고(출처: 차세대융합기술연구원(2020), (치매노인 · 고령자를 위한 실버 빌리지 기획연구)

사회복지 현장은 디지털 기반 서비스 제공 인프라가 취약하고 사용자들의 디지털 격차로 제약이 많은 상황이다. 수요자 중심의 기술 개발이 아직 부족한 현실 속에서 사회서비스 이용자들의 디지털 문해 교육 인프라 구축도 시급한 과제이다. 사회복지사 등 사회서비스 제공자 양성과정에 복지기술 융합 교육과정이 통합되고, 현장실무자의 디지털 역량 강화를 위한 더욱 체계적인 복지기술 보수 교육과정이 개설되어야 할 것이다.[16]

16 K-MOOC 강좌: 복지와 테크놀로지(http://www.kmooc.kr/courses/course-v1:KangNamUK+NF01804+2020_T2/about)

참고문헌

경기연구원(2018), 4차 산업혁명 경기도 모델 구축 및 실행계획 연구, 경기연구원.

과학기술정보통신부(2018), I-Korea 4.0: ICT R&D 혁신전략.

과학기술정책연구원(2013). 리빙랩의 운영체계화 사례, 세종: 과학기술정책연구원.

과학기술정보통신부 · 한국과학기술기획평가원(2019), 2019 기술영향평가결과: 소셜로봇의 미래.

관계부처 합동, 4차 산업혁명위원회(2017), 혁신성장을 위한 사람중심의 4차 산업혁명 대응계획 I-KOREA 4.0.

관계부처합동(2021), '21년 한국판 뉴딜 실행계획.

박세경 외(2018), 커뮤니티케어 선도사업 모델 개발 연구, 한국보건사회연구원.

박영란 외(2018), 한국형 ICT기반 독거노인 돌봄서비스 모형개발 연구, 독거노인종합지원센터, 사회복지공동모금회, SK하이닉스.

박영란 외(2021), ICT복합문화공간(ICT사랑방) 이용 어르신 대상 사용성 및 효과성 평가, 독거노인종합지원센터, 사회복지공동모금회, SK하이닉스.

박영란(2022), 새 정부에 바란다: 스마트 복지, 복지타임즈, 2022.04.13.

보건복지부(2024), 노인맞춤 돌봄서비스 사업안내.

보건복지부(2019), 지역사회통합돌봄(커뮤니티케어)선도사업 추진계획(2019.1.10.).

서울시복지재단(2023), 2023년 서울시 스마트돌봄서비스 효과성 조사 연구 보고서.

안상훈 외(2014), 기술혁신형 新복지서비스 모델기획연구, 미래과학창조부.

이준영(2019), 디지털헬스케어 동향 및 시사점, NIPA 이슈리포트.

임정원 외(2021), 고령세대를 위한 Wel-Tech 기반 통합적 커뮤니티 케어 모델 개발(2018~2021), 보건복지부, 한국보건산업진흥원.

통계청(2024). 2024 고령자 통계.

AR/VR장비를 활용한 의료서비스, 국민일보: http://www.kmib.co.kr.

KPMG(2016), Social Robot. KPMG.

VR을 활용한 노인 사용자의 인지 기능 증진 프로그램, https://google.co.kr.

제 4 장

국제개발협력과 국제사회복지의 공진화(共進化): 한국의 ODA와 스마트복지

황원규 *

* 강릉원주대학교 명예교수, 키르기스스탄공화국 대통령실 정책자문관

Ⅰ. 들어가면서

21세기에 들어선 세계는 아직도 빈곤 및 저개발과 힘겨운 투쟁을 벌이고 있다. 그러나 20세기 후반에 이루어진 빈곤퇴치를 위한 범세계적인 노력은 결코 헛되지 않았다. 제2차 세계대전이 종전된 1945년부터 『새천년개발목표(MDGs)』의 추진이 완료된 2015년까지의 70년 동안 국제사회는 지구촌에 만연했던 빈곤을 퇴치하고, 인류의 '삶의 질' 향상을 위해서 지속적으로 공동의 노력을 기울여 왔다. 국제사회의 공조 노력과 산업기술의 발전에 힘입어 이제 인류는 수만 년 동안의 궁핍과 압제를 상당 부분 해소하고 한 번도 경험해보지 못했던 고도 대중소비사회, 풍요의 시대를 맞이하였다. 그러나 21세기에 들어선 지금도 지구촌의 많은 나라는 여전히 절대빈곤에서 벗어나지 못하고 있고, 국가별, 계층별 불균형은 오히려 확대되고 있다. 여기에 21세기 국제개발협력의 새로운 과제가 놓여 있는 것이다.

지난 80여 년 동안, 국제개발협력을 위한 범세계적인 노력이 각 분야에서 이루어졌음에도 불구하고, 아직도 미진한 분야가 남아 있다. 그중 하나가 국제사회복지다. 국제개발협력의 효과적인 전달체계, 특히 가치사슬의 마지막 단계에 해당하는 현장에서의 사회복지 전달체계가 충분히 구축되지 못하여 아직도 많은 낭비가 초래되고 있다. 과거 선진국 위주의 공여체계에서는 개발현장에서의 비효율을 수원국(협력국) 고유의 후진성으로 당연시 여기거나, 이를 선진적 시스템으로 구축하는 데는 지나치게 많은 시간과 재원이 소요된다고 생각하였다. 그렇기에 아직까지도 국제연합(UN) 산하에 국제사회복지에 특화된 전문기관이 설립되어 있지 않다. 그러나 전 세계가 네트워크 사회로 재편성되어 있는 오늘날, 디지털 기술을 활용하여 국제사회복지를 보다 저렴하고, 보다 효율적으로 시행하는 '스마트복지' 서비스가 가능하게 되었다. 특히 이 분야는 국제개발협력의 후발국인 대한민국이 다른 어느 나라보다 앞서서 선도할 수 있는 분야이다.

이 글에서는 우선 제2장에서 국제개발협력의 태동과 발전과정을 약술한 후, 21세기를 맞아 국제개발협력의 새로운 도전과 과제가 무엇인지 검토한다. 제3장에서는 전통적인 국제개발협력이 국제사회복지적 측면에서 어떻게 추진될 수 있는지를 살펴본 후, 제4장에서 후발 원조공여국인 한국의 국제개발협력의 특징과 향후 과제를 기술하고 있다. 마지막 제5장에서는 한국이 디지털 기술을 활용한 스마트복지 분야에서 기여할 수 있는 가능성과 추진방안에 대해 검토해 보고자 한다.

Ⅱ. 국제개발협력의 발전과 환경변화

제2차 세계대전 종전 이후의 시대를 규정하는 여러 용어가 있다. 대표적인 것이 자본주의 블록과 사회주의 블록 사이의 대립구조를 표현한 '냉전시대'였다. 그러나 이 글에서는 1945년 이후 국제연합(UN), 국제통화기금(IMF) 등 국제사회의 평화와 번영을 도모하기 위한 제도와 규범이 등장하고, 1960년대 전 세계적으로 많은 신생국이 독립하면서 경제발전이 본격화되고, 이후 『새천년개발목표(MDGs)』의 추진이 완료된 2015년까지의 70년간을 '국제개발협력의 시대(The Era of International Development Cooperation)'로 명명해 보기로 한다.

「제2차 세계대전」의 종료와 더불어 시작된 '국제개발협력의 시대'는 인류 역사상 그 선례를 찾아보지 못했던 나눔과 협력, 그리고 각성의 시대였다. 교통통신의 발달과 경제적 연계가 강화되면서 세계는 지구촌으로 축소되었고, 지구촌 한구석의 빈곤과 아픔은 거의 실시간으로 전 세계로 전파되어 지구시민의 양심을 아프게 했다.

① 국제개발협력의 탄생

국제개발협력 추진체계의 태동

제2차 세계대전의 종식과 더불어 전 세계적으로 국제개발협력을 추진하는 다양한 제도적 장치가 마련되기 시작하였다. 1947년 6월 미 국무부장관이 된 조지 마셜(George Marshall)이 하버드대학교 초청 연설에서 전쟁으로 피폐화된 서유럽국가들을 돕기 위한 지원 프로그램인 「마셜플랜(Marshall Plan)」 구상을 발표하였다. 1948년 이를 관할하기 위한 중립적인 다자기구로 「유럽경제협력기구(Organization for European Economic Cooperation: OEEC)」를 설립하였고, 유럽의 전후 복구가 마무리되면서 1960년 OEEC를 유럽을 넘어서 범세계적인 경제협력과 개발을 촉진하는 다자간 정책연구기관인 「경제협력개발기구(Organization for Economic Cooperation and Development: OECD)」로 개편 발족하였다. 1961년에는 OECD 산하에 후진국 원조정책을 조율하는 기구로 「개발원조위원회(Development Assistance Committee: DAC)」가 설치되었다. 2023년 현재 OECD의 회원국은 38개국이고, 이 중 DAC 회원국은 한국을 포함하여 32개국이다.

국제연합(United Nations: UN)도 1945년 발족 초기부터 'UN헌장(UN Charter)' 제9장에서 UN의 중요한 설립목적 중 하나로 국제경제 · 사회협력을 명시하고 있다. 즉, 헌장 제55조에서 UN이 높은 생활수준, 완전고용 그리고 경제사회적 진보와 발전을 증진시키는 것을 목적으로 함을 선언하고 있다.[1] 이에 따라 1949년 「국제연합기술지원확장계획(United Nations Expanded Programme of Technical Assistance: UNEPTA)」이 창립되고, 1958년에는 「국제연

1 원문은 다음과 같다. "The United Nations shall promote: higher standards of living, full employment, and conditions of economic and social progress and development:..." (Article 55, Chapter IX, UN Charter)

합특별기금(United Nations Special Fund: UNSF)」이 창설되었다가, 1966년 이 두 기관을 통합하여 「총회(General Assembly)」 직속기관으로 「국제연합개발계획(United Nations Development Programme: UNDP)」이 창립되었다. 이 밖에 개발과 관련된 UN의 기구들은 「경제사회이사회」 산하 특별기관(Specialized Agency)으로 「국제통화기금(International Monetary Fund: IMF)」, 「세계은행(World Bank)」, 「식량농업기구(Food and Agriculature Organization: FAO)」, 「세계보건기구(World Health Organization: WHO)」 등이 설치되어 있다.

1950년대 중반부터 아시아, 아프리카의 구 식민지배 지역이 신생국으로 독립하기 시작하였다. 1960년대는 이들 신생국을 지원하고, 그 나라의 절대 빈곤을 타파하기 위해 선진 각국이 원조기관을 앞다투어 설립하던 시기였다.[2] 그 중에서도 1961년 한 해에 개발협력을 위한 주요국들의 관련 법 제정과 전담기관 설립이 활발히 추진되었다. 가장 먼저 움직인 나라는 쿠웨이트였다. 1961년 쿠웨이트는 인근 중동국가들을 지원하기 위한 원조기관으로 「쿠웨이트아랍경제개발기금(Kuwait Fund for Arab Economic Development)」을 설립하였다. 이어 프랑스는 세계 최초로 중앙정부 부처로 「협력부(Ministère de la Coopération)」를 창설하여 과거 자기 나라의 식민지였던 서북부 아프리카 국가들을 지원하기 시작하였다. 미국도 케네디 대통령의 주도 하에 '대외원조법(Foreign Assistance Act)'을 제정하고, 원조전담기구인 「국제개발청(U.S. Agency for International Development: USAID)」도 설립하였다. 또한 「평화봉사단(Peace Corps)」을 창설하고, 중남미를 돕기 위한 「진보를 위한 연대(Alliance for Progress)」 프로그램을 발족하였다. 독일도 개발협력의 법제를 구축한 후, 「부흥기금(Kreditanstalt für Wiederaufbau: KfW)」을 설립하여 개발협력차관을 제공

2 이하 "DAC in Dates", OECD(https://www.oecd.org/dac/1896808.pdf)

하기 시작하였고, 「연방경제협력개발부(Bundesministerium für Wirtschaftliche Zusammenarbeit und Entwicklung: BMZ)」를 설립하였다. 같은 해 일본도 「대외경제협력기금(Overseas Economic Cooperation Fund: OECF)」을 설립하여 개발도상국들에게 유상원조를 제공하기 시작하였다. 1961년 스웨덴도 「국제원조처(Agency for International Assistance)」를 설립하였고, 이를 기반으로 1965년 원조 정책 및 집행 전담기구인 「스웨덴국제개발청(Swedish International Development Authority: SIDA)」으로 개편하였다. 이 해 스위스도 개발협력 시스템을 정비하였다.

② 국제개발협력의 성장과 발전

1946년 UN의 회원국은 35개국이었다. 그러나 이 숫자는 1970년에 127개국으로 늘어난다. 1950년대 중반부터 1960년대까지 70여 개의 신생국이 탄생한 것이다. 이 중에서도 특별히 1960년은 '아프리카의 해'였다. 1960년 1월 10일 해럴드 맥밀란(Harold Macmillian) 영국 수상이 가나의 아크라에서 "변화의 바람(The Wind of Change)"이란 연설로 아프리카 식민지를 독립시키겠다는 메시지를 전달한다. 이를 계기로 1960년 한 해 동안에만 17개의 신생독립국이 아프리카에서 탄생되었다. 1961년 국제연합(UN)은 갓 독립한 신생국들을 지원하기 위해 1960년대를 '개발의 10년'으로 지정하고 두 가지 목표를 설정한다.[3] 첫째, 1970년까지 매년 5%의 경제성장률을 달성케 한다. 둘째, 개발도상국을 위한 선진국 원조와 자본의 흐름이 가급적 빠른 시일 내에 국민소득의 1%에 이르도록 증액시킨다.

3 OECD "DAC Year by Year"(https://www.oecd.org/dac/1896808.pdf#page=10)

국민소득의 1%를 개발도상국으로 지원하자는 주장은 1958년 기독교단체인 「세계기독교교회협의회(World Council of Churches: WCC)」에 의해 최초로 주장된 이래, 제3세계국가들의 결집처인 「국제연합무역개발회의(UNCTAD)」를 통해 지속적으로 요청된다.[4] 그러나 민간자금의 흐름을 식별하기 어려운 점을 고려하여 점차 공적개발원조(ODA)로 국민소득의 0.7%를 제공하자는 주장이 설득력을 얻어갔다. 1969년 「피어슨위원회(Pearson Commission)」가 발간한 『개발의 파트너들(Partners in Development)』이란 보고서에서 이 주장이 처음 제기되었고, 1970년 UN총회에서 채택된다. 그러나 21세기의 3번째 10년을 맞이한 오늘날까지도 국민소득 대비 ODA 0.7%의 약속은 국제사회의 요원한 과제로 남아있다.

전 세계 개발원조액수(OECD 개발원조위원회(DAC) 회원국 기준)는 1960년 미화 399억 불에서 2022년에는 2,113억 불으로 점증하여 62년 동안에 5.3배 증가하였다. OECD 「개발원조위원회(DAC)」 회원국들의 국민소득 대비 ODA의 비율 평균은 1961년 0.54%를 정점으로 하강세를 기록하여 2001년에 0.21%로 최저점을 기록한 후 다시 완만한 상승세를 유지하면서 2022년에는 0.36%까지 증가되었다.[5] 2022년 ODA 제공액수 상위 10개국과 국민소득 대비 비율 상위 10개국은 〈표 1〉과 같다.

---

4 개발도상국 지원에 관한 국제사회의 역사적인 논의는 OECD 개발원조위원회(DAC)의 웹페이지에서 찾아볼 수 있다. https://www.oecd.org/dac/financing-sustainable-development/

5 Preliminary figures by OECD on Development on 24 Oct 2023 (https://public.flourish.studio/story/1882344/)

〈표 1〉 ODA 지원액 및 지원비율 상위 10개국(2022년)

ODA 지원액			ODA 지원비율(국민소득 대비)		
순위	국가	억 불(미화)	순위	국가	%
1	미국	553	1	룩셈부르크	1.00
2	독일	350	2	스웨덴	0.90
3	일본	175	3	노르웨이	0.86
4	프랑스	159	4	독일	0.83
5	영국	157	5	덴마크	0.70
6	캐나다	78	6	네덜란드	0.67
7	네덜란드	65	7	아일랜드	0.64
8	이탈리아	65	8	핀란드	0.58
9	스웨덴	55	9	스위스	0.56
10	노르웨이	52	10	프랑스	0.56

출처: OECD-DAC ODA Statistics에서 수집

이 표에서 보여주는 것처럼 미국과 일본은 절대 액수에서는 각각 제1위와 제3위의 국가이지만, 국민소득 대비 ODA 지원비율은 각각 0.22%와 0.39%로 경제규모 대비 인색한 나라에 속한다. 반면 룩셈부르크와 북구의 작은 나라들은 비록 절대액수는 적지만 자국의 경제규모 대비 높은 비율을 후진국 개발을 위한 ODA로 지원하고 있는 모범국가들이다. 독일은 지원액에서 제2위의 국가이자, 지원비율에서도 제4위의 국가로 강대국 중 가장 진지하게 국제개발협력에 임하고 있다. 2022년에는 불과 5개국(룩셈부르크, 스웨덴, 노르웨이, 독일, 덴마크)만이 UN의 가이드라인 0.7%를 달성하였다.

③ 국제개발협력의 성과

국제개발협력 관련 문헌 및 언론보도를 접하면 훨씬 많은 의견이 개발원조의 회의론에 속한다. 지난 62년(1960년-2022년) 동안 OECD-DAC에서 지

원한 개발원조가 미화로 5조 4910억 불이나[6] 됨에도 불구하고 아직도 세계의 절대빈곤 문제가 해결되지 못하였고, 위생, 깨끗한 물, 교육, 의료 등 엄청나게 많은 미해결 과제가 산적해 있다. 그러나 보다 엄밀하게 분석해 본다면 지난 70여 년 동안 개발도상국의 자조적 노력과 국제사회의 개발협력에 힘입어 지구촌은 인류 역사상 최초로 빈곤과 기아를 대폭 감축시킬 수 있었고, 역사상 최고의 풍요로운 시대를 맞이하였다고 보는 것이 보다 정확한 진단이다. 이 성과를 국제개발협력의 시각에서 정리해 보면 다음과 같다.

극빈층 인구의 급감

20세기에 인류가 이룬 가장 큰 업적은 아마도 빈곤퇴치일 것이다. 특히 20세기 후반 지구촌이 합심하여 기울인 빈곤퇴치의 노력은 결코 헛되지 않았다. 세계은행이 추산한 하루 1.95불 이하로 살아가는 극빈층(extreme poverty) 인구의 비율은 전 세계적으로 1970년 1/2 이상에서, 1990년 47%로 감축되었다. 이 추세는 21세기의 도래와 더불어 가속화된 범세계적인 빈곤퇴치 노력에 힘입어 새천년개발목표(MDGs)가 종료된 2015년에는 14%까지 떨어졌다. 1990년부터 2020년까지 30년 동안 전 세계적으로 10억 명 이상이 극빈을 탈출한 것으로 추정된다. 이후에도 이 비율은 지속적으로 하락하여 2023년에는 8.5%에 이른 것으로 추정되고 있다.[7] 물론 이 비율은 과거의 빈곤실태와 비교하면 엄청난 개선이 이루어진 것이다. 그러나 안도하기에는 너무 이른 숫자이다. 전 세계 인구 80억 명 중 8.5%가 극빈층이란 사실은 과학문

6 원조 총액에 대한 자료는 Flourish 웹사이트 자료에서 계산. (https://public.flourish.studio/story/1882344/)

7 World Bank Blogs on "Poverty is back to pre-COVID levels globally, but not for low-income countries" (https://blogs.worldbank.org/opendata/)

명이 발달한 고도 대중소비시대인 21세기 초입에도 아직도 지구촌 곳곳에 6억 8,500만 명의 사람들이 동물적 생존의 기로에서 겨우 목숨만 부지하고 살아가고 있는 안타까운 현실이 실존하고 있다는 말이기 때문이다.[8]

'삶의 질' 향상

20세기 후반에 이룩한 개발의 성과는 후진국의 '삶의 질' 향상이다. 절대빈곤 퇴치와 더불어 이루어진 후진국 '삶의 질' 향상의 획기적인 진전은 여러 가지 사회지표로 확인된다. 예를 들면 1960년 중국의 영아사망률은 출산 신생아 1,000명당 150명이었으나 반세기도 지나기 전인 2003년에는 30명으로 1/5로 줄어들었다. 전 세계적으로 문자해독률(literacy ratio)은 1960년에는 겨우 42%에 불과했으나, 1983년에는 70%로 증가되고, 2020년에는 87%에 이르게 되었다. 선후진국간 기대수명(life expectancy)의 차이도 1950년에는 30년에서 2000년에는 10년으로 줄어들었다. 그러나 아직도 일부 지역의 사회지표는 전 세계 평균에서 한참 뒤처져 있는 상태이다. 예를 들면 2020년 사하라 이남 아프리카의 문해율은 겨우 66%였고, 말리의 문해율은 아직도 31%에 머물고 있을 뿐이다.

새천년개발목표(MDGs)의 성과

21세기 첫 15년까지 인류가 이룬 개발의 성과는 새천년개발목표(MDGs)의 이행 결과보고서에 잘 반영되어 있다.[9] 이 중 몇 가지 중요한 실적을 요약해 보면, 첫째, 절대빈곤계층의 극적인 감축이다. 전 세계 10억 이상의 인구

---

8 세계은행에 따르면 COVID-19의 영향으로 그 추세가 지속된다면 2030년에도 전 세계 인구의 7%에 달하는 5억 7,400만 명이 극빈층으로 남을 것으로 추산되고 있다. World Bank(2022), 7쪽

9 UN MDGs 이행 결과보고서(*The Millennium Goals Report 2015*)

가 극빈층을 탈출하여 1990년대 전 세계 인구 과반수였던 극빈층이 2015년 14%까지 감축되었다. 둘째, 초등학교 등록률이 2000년 83%에서 2015년에는 91%로 향상되었다. 셋째, 5세 이하 유아의 사망률이 절반 이하로 감축되었다. 1990년 신생아동 1,000명당 사망자 수가 1990년 90명에서 2015년에는 43명으로 줄어들었다. 넷째, 모자보건 서비스 향상으로 1990년 대비 출산시 사망률이 45% 감소하였다. 다섯째, HIV-AIDS 신규 감염률이 2000년 350만 명에서 2013년에는 210만 명으로 약 40% 정도 감소하였다. 여섯째, 말라리아 감염률이 37% 감소되었고, 사망률도 58% 감소되었다. 일곱째, 전 세계적으로 개발도상국을 위한 공적개발원조(ODA) 총액이 같은 기간 동안 66% 증가하였다.

④ 개발의 새로운 지리학(New Geography of Development)

'국제개발협력의 시대(1945년-2015년)'에 달성한 개발 성과는 지구촌 개발 환경에 큰 변화를 일으켰다. 우선 가장 큰 변화가 앞 절에서 언급된 것처럼 이 때가 빈곤퇴치와 삶의 질 향상의 시대였다는 점이다. 여기에 덧붙여 지구촌의 몇 가지 지경학적(geo-economic) 변화는 다음과 같다.

지구촌 수렴의 시대

국제개발협력의 시대의 중요한 지경학적 특징은 선진국과 후진국 사이의 격차가 줄어든 범지구적 수렴이 이루어진 점이다. '지구촌 수렴(Global Convergence)'은 여러 가지 측면에서 관찰되고 있다. 첫째는 개발도상국의 약진이다. 개발도상국의 고속성장으로 전 세계 경제에서 '글로벌 사우스(Global South)'라고 불리는 개발도상국 경제규모의 비중이 확대되었다. 심지어 중국,

인도, 브라질 등 일부 개도국의 경제규모가 전통적인 서구유럽국의 경제를 능가하기 시작하는 '부의 역전(Reversal of Fortune)' 현상마저 나타나기 시작했다는 점이다. 〈표 2〉를 보면 고소득국으로 분류된 소위 선진국 경제가 세계경제에서 차지하는 비중이 1960년 78%에서 2020년에는 63%로 줄어든 반면, 같은 기간에 중소득국의 비중은 22.8%에서 35.8%로 증가하였다. 이 중 가장 극적인 성장을 이룬 나라는 물론 중국이다. 1960년 세계 최대 인구국인 중국의 경제가 세계경제에서 차지하는 비중은 4.3%에 불과하였으나 2020년에는 17.2%까지 성장하여 세계 최대 경제대국 미국의 24.7%를 턱밑까지 추격하는 중이다. 소위 BRICs로 일컬어지는 4대 중진국(브라질, 러시아, 인도, 중국) 경제규모의 비중 역시 2020년 23.9%까지 성장하여 미국 및 서유럽경제와 비견할만한 규모로 성장하였다.

〈표 2〉 세대별, 지역별 경제규모의 비중

	1960	1970	1980	1990	2000	2010	2020
고소득	78	80	79	83	82	69	63
중소등	22.8	19.9	20.7	16.2	17.1	29.9	35.8
-상위중소득	16.5	14.4	15.1	12.1	13.1	23.1	28.1
-하위중소득	6.4	5.5	5.7	4.1	4.0	6.8	7.8
하위소득	-	-	0.7	0.6	0.6	0.9	0.5
BRICs	N/A	N/A	N/A	7.3	7.7	17.3	23.9
중국	4.3	3.1	1.7	1.6	3.6	9.1	17.2
미국	39.2	35.8	25.2	26.1	30.3	22.6	24.7
세계	100	100	100	100	100	100	100

출처: World Bank, World Development Indicators에서 저자 직접 계산

계층이동과 이분법 구조의 붕괴

지난 60여 년 동안 많은 개발도상국이 최빈국에서 중진국으로, 중진국에서 선진국으로 상향 이동하였다. 이 가운데 가장 획기적인 계층상승을 이룬

나라는 대한민국이다. 주지하다시피 대한민국은 1960년대 초까지 대부분의 아시아-아프리카 국가들보다도 가난했던 세계 최빈국이었으나 2010년 OECD-DAC의 회원국으로 원조를 제공하는 나라로 발돋움하였다. 한국의 뒤를 이어 대표적인 인구대국이면서 수천년 동안 기아에 허덕이던 중국과 인도도 드디어 1990년대 최빈국의 함정을 벗어나서 중진국으로 진입하였다. 그러나 대부분의 아프리카 국가들은 아직도 최빈국의 굴레를 벗어나지 못하고 있고, 중남미 국가들도 '중진국의 함정'에 빠져 수십년째 선진국으로의 도약에 실패하고 있는 상태이다.

따라서 전통적인 분류법인 북쪽의 선진국과 남쪽의 후진국이란 이분법적 남북관계, 제1세계-제2세계-제3세계 혹은 고-중-저소득국의 3분법적 분류도 과거에 비해서 그 의미가 퇴색되었다. 최근 세계은행은 전 세계 217개 나라를 1인당 소득을 기준으로 4개의 그룹으로 분류하고 있다. 그룹별 국가의 수는 과거에 비해 점점 많은 국가가 상향이동하고 있음을 보여주고 있다.[10]

〈표 3〉 소득수준에 따른 국가분류(세계은행)

그룹	1인당 소득	국가 수
저소득경제(LIEs) (Low-Income Economies)	$1,135 이하	26
하위 중소득경제(LMIEs) (Lower-Middle-Income Economies)	$1,136-$4,465	54
상위 중소득경제(UMIEs) (Upper-Middle-Income Economies)	$4,466-$13,845	54
고소득경제(HIEs) (High-Income Economies)	$13,846 이상	83

* 1인당 소득: 2022년 경상가격 기준
출처: World Bank Data

10 World Bank Country and Lending Groups Country Classification (https://datahelpdesk.worldbank.org/knowledgebase/articles/906519)

Ⅲ. 국제개발협력의 새로운 과제와 국제사회복지

① 국제개발협력의 과제

글로벌 복합위기의 대두

21세기 국제개발협력 분야가 직면한 문제는 단순한 빈곤의 문제를 넘어서는 보다 복잡한 양상을 띠고 있다. 전통적인 개발의 중심의제는 절대빈곤, 인권침해, 부패, 종속 등에 초점이 놓여 있었다. 그러나 21세기의 개발환경은 전통적인 개발의제가 해결되지 않은 채 상존하는 상태에서 새로운 지구촌의 과제들이 대두되고 있는 '복합위기의 시대'이다. 국경이 사라진 세계경제와 디지털로 연계된 지구촌 '초연결사회'에서 한 나라와 지역의 위기는 순식간에 다른 국가-지역으로 파급되고, 지구촌 경제에서 글로벌 공급망의 동요는 개발도상국 경제 및 최빈국 빈민들의 생존을 직접적으로 위협하는 세상이 되었다. SARS 및 코로나 바이러스의 예에서 본 것처럼 한 지역의 전염병(endemic)은 순식간에 글로벌 팬데믹(pandemic)으로 확산되고, 우크라이나 및 중동전쟁에서 관찰된 것처럼 한 지역의 분쟁은 즉각적으로 글로벌 곡물가격과 석유값 급등을 초래하고 있다. 여기에 온난화 현상 등 환경위기로 과거에 예상치 못했던 자연재해가 빈번히 발생하고 있고, 시리아 내전의 경우처럼 국제분쟁의 여파로 난민이 폭주하는 세상이 되어 '글로벌 사우스(Global South)'의 불안정은 선진국의 경제사회를 흔들고, 선진국의 불안정은 개발도상국 경제와 빈민들의 생존을 위협하는 복합적 위기의 세상이 되었다.

새로운 불평등의 시대

지난 70여 년 동안 국제사회의 주목을 받아왔던 불평등 구조는 소위 '남북문제'로 불리는 선-후진국 간의 생활수준 격차였다. 그러나 21세기에 들어서면서 남북 간 격차를 능가하는 한 국가 내 지역 간, 계층 간 불평등이 심화되고 있다. 후진국 경제의 급성장에 따라 전 세계 중산층 중에서 후진국이 차지하는 비중이 점점 높아지고 있다. 개발협력의 관점에서 이 현상은 두 가지로 해석될 수 있다. 첫째는 선-후진국간의 평균적 소득격차는 줄어드는 반면 후진국 내에서의 소득격차가 점차 커지고 있는 경향이다. 둘째는 선-후진국 간 소득이전의 필요성이 점차 줄어들고 있다는 사실이다. 선진국 시민들이 점차 멀리 있는 개도국의 빈곤보다 가까이에 있는 자국 내부의 빈곤으로 관심이 이동할 가능성이 높아졌다는 사실이다. 이로 인해 일찍이 피터 바우어(Peter Bauer)가 제시한 '원조 회의론'이 점차 새롭게 부각될 가능성이 있다.[11]

세계 역사를 보면 새로운 산업은 새로운 부자들을 탄생시켰다. 현재 국제사회의 남북관계가 지난 250년 동안에 걸친 산업혁명의 결과였다면, 1990년대 이후 시작된 제3차 산업혁명, 즉 디지털 경제의 전환으로 후진국에서도 엄청난 재산을 축적한 젊은 신흥부자들이 등장하기 시작했다. 이를 나이지리

11 일찍이 피터 바우어(1975, 396쪽)는 해외원조가 "공여국의 납세자로부터 수원국 정부로의 자원이전 행위(A transfer of resources from the taxpayer of a donor country to the government of a recipient country)"이기에 결국은 "부자나라의 가난한 사람들에게서 뺏은 돈을, 가난한 나라의 부자들에게 주는 행위(Taking Money From Poor People in Rich Countries and Giving it to Rich People in Poor Countries)"라고 일갈하였다.

아의 경우로 빗대어 설명하자면 오랫동안 빈민들의 뇌리 속에 각인되어 사용되어 온 내 가난을 해결해 줄 구세주 같은 "시카고에 살고 있는 내 부자 삼촌(My rich uncle in Chicago.)"이라는 상징적 표현보다 이제는 "라고스에 살고 있는 내 부자 조카(My rich nephew in Lagos.)"란 표현이 더 자주 오르내리고, 실감나는 세상이 되었다. 이제 가장 큰 소득격차는 단순히 어느 나라에 살고 있느냐가 아니라, 한 나라 안에서 어느 세대가 어느 직종에서 무슨 일에 종사하고 있느냐의 문제가 되었다.

새로운 개발이념과 개발정책의 발굴

21세기의 인류는 디지털 기술의 발달로 '초연결 사회'에 살아가고 있고, 선후진국을 막론하고 불확실성이 확실하게 상존하는 복잡계, 즉 위기의 시대를 살아가고 있는 것이다. 따라서 이를 타개하기 위해서는 과거의 일국 위주의 선형적 사고로부터 탈출하여, 세계 전체를 동시에 바라보는 '사고방식의 획기적 변화(paradigm shift)'가 필요하게 되었다. 새로운 환경은 새로운 이념과 이론을 필요로 한다. 20세기 중반에 시작된 개발협력은 서구 자본주의의 진화와 밀접한 관련이 있다. 현재 전 세계가 겪고 있는 개발의 문제는 자본주의 세계화의 과정 속에서 파생된 구조적인 문제이고, 21세기의 인류는 이를 타개하기 위한 새로운 자본주의정신을 필요로 하고 있다. 이러한 역사적 연관관계를 설명하고 있는 이론 중 자본주의의 진화를 4단계로 규정하고, 현재 국제사회가 필요로 하는 이념으로서의 수정된 자본주의의 형태를 아나톨 칼레스키(Anatole Kaletsky)는 '자본주의 4.0'이라고 칭하고 있다. 그는 18세기부터 20세기 초까지 자유방임주의적 무한경쟁의 시대가 서구 열강에 의한 식민지배를 가져왔고 식민지 경제가 서구 유럽의 경제에 종속되어 근대화되는 파행적 자본주의 발달이 시작되었다고 한다. 여기에 국가자본주의와 금융자본주의가 득세하고, 이 움직임이 세계화와 결합되면서 종속이 시작되고 남북 문제가 심화되는 과정으로 근대자본주의의 진화과정을 설명하고 있다. 그러나 칼레스키는 새로운 자본주의는 공동체 정신을 장착한 사회적 경제, 디지털 기술을 장착한 따스한 자본주의로 진화해야 한다고 21세기의 자본주의의 진행 방향을 규범적으로 제시하고 있다. 이를 도표로 설명하면 〈표 4〉와 같다.

〈표 4〉 자본주의의 시대별 분류

시대	이념	주창자
자본주의 1.0	자유방임주의	Adam Smith
자본주의 2.0	수정자본주의	J. M. Keynes
자본주의 3.0	신자유주의	Milton Friedman
자본주의 4.0	따뜻한 자본주의	Anatole Kaletsky

출처: Anatole Kaletsky(2011).

② 21세기 국제개발협력의 동향과 평가

가. 21세기 국제개발협력의 동향

MDGs와 SDGs

21세기의 국제개발협력은 양자 간 혹은 일부 지역을 상대로 한 다자간 협력이 아닌 전 지구적 차원에서 개발협력의 문제가 다루어지기 시작했다는 점에서 과거와 다른 양상을 보여주고 있다. 우선 가장 눈에 띄는 글로벌 협력은 『새천년개발목표(MDGs)』의 수립과 시행이다. 2000년부터 2015년까지 UN의 주도하에 시행된 『새천년개발목표(MDGs)』는 그 성과와 관계없이 전 인류가 8가지의 개발목표를 채택하고, 합심하여 추진하였다는 사실만으로도 인류 역사상 유례를 찾아볼 수 없는 획기적인 사건이었다. 물론 2015년 종료 시점에서 목표 대비 이룬 성과가 충분히 만족스럽지는 못했지만, 상당한 부분적 성과를 거둔 것도 사실이다. 이러한 범세계적 협력의 기반 하에 UN은 『새천년개발목표(MDGs)』의 다음 버전으로 2016년부터 『지속가능발전목표(SDGs)』를 추진하고 있다. SDGs는 선진국뿐 아니라, 후진국 및 시민사회단체도 참여하는 오랜 토의 기간을 거쳐 채택한 MDGs의 확장판으로 빈곤퇴치뿐 아니라 생태환경 관리를 포함하는 17개의 목표(goal)와 169개의 실행방안(target)을 담고 있다. 이 운동의 중심개념은 '지속가능성(sustainability)'으로 경제-사회-환경이 상호연계된 지속가능발전을 지구촌 개발협력의 중심개념으로 제시하고 있다. SDGs는 시작 당시부터 너무 많은 목표를 포함하고 있는 것이 아니냐는 우려를 자아냈고, 발족한 지 5년 만에 코로나 팬데믹은 물론 지구촌의 여러 분규가 발생하여 목표기간의 절반이 경과한 2023년 현재 사실상 좌초된 것이 아닌가 하는 우려를 자아내고 있다.[12]

원조효과성 회의

21세기 들어 국제개발협력 분야에서 가장 활발하게 논의된 주제는 원조의 효과성(Aid Efffectiveness)이다. 이 논의는 OECD의 「개발원조위원회(DAC)」가 중심기관이 되어 제1차 고위급 회의를 2002년 로마에서 개최하였고, 2005년 파리에서 제2차 고위급 회의, 2008년 가나의 아크라에서 제3차 고위급회의를 개최한 바 있다. 그리고 제4차이자 마지막 라운드를 2011년 부산에서 개최하였다. 이 과정에서 2005년 파리회의에서는 원조의 효과성 확보를 위한

12 UN의 중간보고서에 의하면 전체 기간의 절반이 경과한 2023년 현재 대략 설정 목표의 15%를 달성한 것으로 집계되고 있다. (11쪽, UN, The Sustainable Development Goals Report 2023: Special Edition) 특히 2030년까지 절대빈곤을 소멸하겠다던 SDGs 〈목표 1: Zero Hunger〉는 최근 발표된 세계은행의 보고서에 따르면 2030년에도 여전히 전 세계 인구의 약 7%에 해당되는 5억 7,400만 명이 절대빈곤을 벗어나지 못할 것으로 추계되었다. (World Bank Group (2022))

근간이 되는 5가지 중심 개념(pillar)을 채택하였다. 즉, 소유권(Ownership), 정합성(Alignment), 조화성(Harmonization), 상호책무성(Mutual Accountability), 그리고 결과기반운영(Managing for Results)이다. 2008년 제3차 아크라회의에서 실행방안(Accra Action Agenda: AAA)을 채택하였다. 2011년 제4차 부산 고위급회의는 원조의 효과성을 넘어서는 '개발효과성(development effectiveness)'이란 개념이 채택되어 향후 원조 집행의 대원칙으로 '효과적인 개발협력을 위한 범지구적 협력(Global Partnership for Effective Development Cooperation: GPEDC)'이란 향후 방향이 채택되었다.

기후변화협약(COP)

글로벌 개발협력의 또 하나의 중심축은 지구환경 특히 온난화 방지를 위한 범지구적 논의의 장이 마련된 것이다. 1992년 브라질의 리우데자네이로에서 열린 지구환경회의로 촉발된 기후변화에 대한 관심은 정례적인 논의의 장을 만들기로 하고, 「유엔기후변화기구(United Nations Climate Change: UNCC)」를 설치하였다.[13] 이를 바탕으로 1995년 이래 연례회의로 '당사자총회(Conference of the Parties: COP)'를 개최하고 있다. 2024년까지 29차례의 당사자 총회를 개최하였다. 1997년 제3차 총회인 쿄토 COP3에서 2005년부터 효력을 발휘하는 이산화탄소 총량규제 및 시장거래 메커니즘을 활성화하는 것을 골자로 하는 『교토의정서』를 채택하였고, 2015년 COP21에서 196개국이 합의하여 지구온난화를 산업혁명 이전 대비 1.5℃ 이하로 낮추는 구체적인 목표와 시한도 정하였다. 아직도 미국, 중국을 포함한 최대 산업국들이 흔쾌히 참여하고 있지 않지만, COP 회의는 지구공공재(global goods)로서의 환경 및 기후를 보

13 정식명칭은 United Nations Framework Convention on Climate Change(UNFCCC)이다.

전하자는 범지구적 관심을 도출하고, 이를 이행시키기 위해 꾸준히 노력하고 있다. 그러나 2024년 아제르바이잔의 바쿠에서 개최된 제29차 당사국총회(COP 29)에서 볼 수 있는 것처럼, 선후진국간 의견 차이로 재원조달문제에 큰 어려움을 겪고 있다.

기타 국제개발협력 회의

국제개발협력 관련 21세기 국제사회의 또 하나의 중요한 의제는 '개발재원 조달(financing for development: FfD)'이었다. UN이 주관한 개발재원회의는 2002년 멕시코의 몬테레이(Monterrey), 2008년 카타르의 도하(Doha), 그리고 2015년 에티오피아의 아디스 아바바(Addis Ababa)에서 개최되었다, 이 회의에서는 개도국의 경제발전을 위한 개발재원의 문제, 외채 문제 그리고 MDGs와 SDGs 추진에 필요한 재원조달 방안 등이 검토되었다. 특히 제3차 아디스 아바바회의에선 지속가능발전을 추진하기 위한 구체적인 재원조달방안과 그 추진 제도를 담은 『아디스 아바바 행동의제(Addis Ababa Action Agenda: AAAA)』가 채택되었다. 이런 분위기 속에서 2005년 개최된 영국 글렌이글스(Gleneagles) 「G8 정상회의」에서는 당시 영국 수상이었던 토니 블레어의 주도하에 18개 고채무 최빈국(Heavily Indebted Poor Countries: HIPCs)의 외채 400억불(미화)을 탕감해 주는 획기적인 조치를 감행하였다.

이 밖에도 글로벌 사우스(Global South), 즉 개발도상국들이 주도하는 범 세계적 회의가 꾸준히 개최되고 있다. 1956년 인도네시아 반둥에서 결성된 개발도상국들의 모임인 G77이 2000년 쿠바의 아바나(Havana)에서 제1회 『남정상회의(The South Summit of the Group of 77)』를 개최하여 남남협력의 불길을 재점화하였고, 2005년 제2차 회의가 도하에서 열렸다. 제3차 회의는 2024년 우간다의 캄팔라에서 개최될 예정이다.

1981년부터 매 10년마다 개최되고 있는 최빈국회의(UN Conference on the Least Developed Countries)도 정례적으로 개최되고 있다.[14] 도하에서 열린 2023년의 제5차 회의에서는 『도하행동프로그램(Doha Program of Action)』을 채택하였다. 이 밖에도 UNDP가 주관하는 취약국회의(Global Conference of Fragile States)가 2010년 동티모르에서 개최되었다. 그러나 무엇보다 중요한 회의는 갈 길을 잃어버린 SDGs를 보정하고, 2030년 이후의 글로벌 의제를 무엇으로 할 것인지에 대한 논의가 2020년대 국제사회의 가장 중요한 안건으로 부상될 것이다.

나. 개발협력 과제에 대한 평가

개발협력계의 동향: MBA

21세기 국제개발협력계의 동향을 한마디로 표현하면 MBA가 될 수 있다. 첫째, '너무나 많은(Too Many)' 논의와 회의가 무성하고, 둘째, '너무나 넓은(Too Broad)' 주제들이 다루어지고 있다. 즉, 기후변화, 원조효과성, 개발재원 확보 등 거대 의안에 치중되고 있다. 셋째, '너무나 의욕적(Too Ambitious)'인 목표들이 제시되고 있다. 특히, 현재 진행 중인 지속가능발전목표(SDGs)는 17개의 분야 169개의 과제(Target)가 채택되어 지구촌의 재원과 노력이 분산되고 있는 실정이다.

개발재원과 원조효과성 확보

수많은 국제회의를 통해 발굴된 개발의제를 실현하기 위해서는 천문학적

14 2001년 벨기에 브뤼셀에서 제3차 회의, 2011년 티르키예 이스탄불에서 제4차 회의, 그리고 제5차 회의는 2022년 뉴욕과 2023년 도하에서 분산 개최되었다.

인 재원이 필요하다. SDGs를 달성하기 위해 필요한 개발재원에 대한 연간 소요액 추계는 국제기구마다 다르지만, 현재 선진국들이 제공하고 있는 공적 개발원조(ODA) 액수를 수십 배 능가하고 있다.[15] 그렇다면 현행 국민소득 대비 ODA 제공비율 0.36%를 UN 권고 수준인 0.7%로도 올리지 못하는 상황에서 이보다 훨씬 큰 SDGs를 위한 개발재원 조달은 요원할 뿐이다. 게다가 개발도상국들이 2022년 한 해에만 공공부문 차관의 원리금 상환에 지불해야 하는 액수가 4,435억 불인 반면, 같은 해 제공한 개발원조 총액은 2,113억 불로 절반에도 못 미치고 있는 실정이다.[16] 이러한 고질적인 채무 구조 속에서 개발도상국이 온전히 경제성장에 성공하리라고 기대하기 어려운 현실이다. 선진국들의 입장에서도 지구온난화 방지 노력 등 지속가능발전에 기여해야만 하는 재원을 추가로 감당하기에도 큰 부담이 되는 실정이다.[17] 많은 개발협력 관련 회의의 홍수 속에서 항상 부닥치는 난제는 "과연 누가 고양이 목에 방울을 달 것인가?" 하는 질문이다. 즉, 백가쟁명(百家爭鳴)하고 있지만 문제는 그 훌륭한 아이디어를 실천할 돈이 없다는 현실이다. 따라서 대부분의 국제개발협력회의는 고관대작들과 이름난 전문가, 거기에 시민사회활동가까지 덩달아 참석하는 한바탕 축제의 장으로 마무리되고 마는 경우가 많다. 그것도 유명 관광지의 호사스런 호텔에서 값비싼 붉은 포도주 잔을 기울인 채 절대빈곤과 전쟁 난민들의 참상을 회고하는 '말의 성찬'으로 마무리하기 일쑤다. 원조 효과성 회의도 거의 비슷한 수순을 밟고 있는 것처럼 보인다. 따라

15 OECD의 추계에 의하면 SDGs 기후대응 자금만으로도 개발도상국에서만 2030년까지 매년 미화 2조-2조 2,800억 달러의 재원이 필요한 것으로 추계하였다. (2023 UN DCF 보고서)

16 World Bank(2023), *International Debt Report*.

17 UN은 지속가능발전을 위한 개별 국가의 공적 지원액을 TOSSD(Total Official Support for Sustainable Development)란 개념으로 집계하고 있다. 지금까지 집계된 것을 보면 TOSSD 연간 부담금은 전 세계 ODA총액의 약 2배에 해당된다.

서 십수년 간의 진지한 논의를 통해서 채택된 방식과 목표를 성취하는 수단을 여하히 확보하느냐 하는 것이 국제개발협력계의 관건이 되고 있다.

실종된 연결고리(Missing Link)

21세기 국제사회는 국제개발협력의 거대 과제(goal, target 등)를 발굴하는 데 노력이 집중된 반면, 이 목표를 여하히 실현하느냐는 세부실행계획(action plan)을 수립하는 데는 상대적으로 소홀했다. UN도 회원국들의 중앙정부가 이행해야 될 정책개발에 치중하였고, 이를 빈곤의 현장에 전달해야 하는 구체적인 계획을 마련하지 못했다. 실제로 UN 내에 여러 분야의 전문기관(예: FAO, UN Women, ILO 등)이 존재하고 있지만, 국제개발협력의 정신과 이상을 빈곤 현장에 전달하고 구현할 수 있는 실행기관으로서의 사회복지 전문기관이 없는 상황이다. 다른 말로 하면, 목표와 이행수단 사이의 연결고리가 실종된 상태인 것이다. 현 체제 하에서 이러한 역할을 수행할 수 있는 가장 유사한 기관이 「유엔개발계획(UNDP)」이지만, 이 기관도 빈곤의 거시적 실태 파악 및 정책개발에 치중하고 있을 뿐 개발현장의 극빈층 수요자들에게 어떻게 효과적으로 원조를 전달하는가를 고민하는 사회복지적 측면의 전문기구라고 보기 힘들다. 이는 거대도시를 연결하는 항공사만 존재하고, 전달된 물품을 현장으로 싣고 갈 전문 물류회사가 존재하지 않는 비즈니스 생태계와 비슷한 실정이다.

③ 국제개발협력과 국제사회복지: 대상과 과제

가. 국제사회복지: 21세기 개발협력의 새로운 지평

2023년 「UN 개발협력포럼(UN Development Cooperation Forum: DCF)」은 코

로나 사태 이후 식량, 에너지, 금융충격에 노출된 12억 명의 취약계층을 위한 개발협력의 긴급과제를 제시하였다.[18] 그 내용은 첫째, 개발협력은 위기에 노출된 취약계층에게 집중되어야 한다. 둘째, 기후변화로부터의 회복이 개발협력의 중심에 놓여져야 한다. 셋째, 사회안전망 없이 사는 40억 명 이상의 사람들에게 사회보장체계를 구축해 주는 것이 범세계적 우선순위가 되어야 한다. 넷째, 디지털경제와 전자상거래에 참여할 수 있도록 개도국으로의 기술이전, 금융지원, 역량개발에 개발협력이 대폭 확충되는 포용적 지원이 시행되어야 한다. 「UN 개발협력포럼(UN-DCF)」은 이 건의안을 통해 향후 국제사회 개발협력의 중심의제로 국제사회복지의 역할을 제시하고 있다. 즉, "40억 명의 취약계층에게 디지털 기술을 활용하여 사회안전시스템을 어떻게 구축하고 보호하느냐?" 하는 것이 국제사회의 긴급한 의제임을 부각시키고 있다.

나. 국제개발협력과 국제사회복지의 관계

국제사회복지는 국제개발협력의 중심 개념이다. 다른 말로 하면, 국제적 측면에서의 사회복지 서비스가 곧 국제개발협력의 근간인 것이다. 좀 더 구체적으로 국제개발협력(IDC)과 국제사회복지(ISW)는 다음과 같이 상당한 연관성을 갖고 있음을 지적하고자 한다.

국제개발협력과 국제사회복지의 공통점

두 분야는 공통의 목적(objective)과 목표(goal)를 공유하고 있다. 우선 국제

18 2023 UN Development Cooperation Forum의 회의 보고서 "Prioritizing the lives and livelihoods of the most vulnerable through risk-informed development cooperation"

개발협력의 목적인 빈곤퇴치, 삶의 질 향상, 인권보장 등이 곧 국제사회복지의 목적이다. 또한 목표와 실천수단도 상당 부분 공유하고 있다. 즉, 새천년개발목표(MDGs), 지속가능개발목표(SDGs), 포용적 성장(Inclusive Growth) 등 개발협력의 주요지표들을 국제사회복지에서 수용하고 있다.

국제개발협력과 국제사회복지의 차이점

둘 사이의 차이점은 시각, 범위, 그리고 협력대상이 다르다는 것이다. 첫째, 국제개발협력은 보다 거시적, 제도적 시각에서 국제사회의 문제점을 바라보는 반면, 국제사회복지는 현장중심의 보다 미시적 접근방식을 취하고 있다. 둘째, 국제개발협력이 국제사회복지에 비해 글로벌 환경, 난민, 생태계 보호 등 보다 광범위한 과제를 다루고 있다. 셋째, 국제개발협력은 주요 협력대상이 국제기구, 중앙정부 및 지방정부, 학교 등 각급 기관이 중심을 이루고 있는 반면, 국제사회복지는 주로 마을, 공동체 그리고 사회복지 대상자 개개인에게 보다 집중하고 있다. 이렇게 볼 때 국제개발협력의 집행적 측면이 곧 국제사회복지이고, 국제사회복지는 국제개발협력 가치사슬의 최종단계에 해당된다고 볼 수 있다.

다. 21세기 국제사회복지의 대상과 과제

취약계층 보호: ODA Version 1.5

전통적으로 국제개발협력계에서 주목해 온 주제와 관심대상은 빈곤퇴치와 개발도상국의 빈민들이었다. 그러나 20세기 후반 경제개발이 전 세계적으로 확산되고, 많은 개발도상국의 소득수준이 향상되면서 절대빈곤층의 숫자는 인상적으로 감축되었다. 따라서 21세기는 개발협력의 시각과 방식에 새로운 변화가 필요한 시점이 되었다. 전환시대에는 전환시대의 논리와 새로운 실천 방안이 필요하다. 이러한 개발협력의 새로운 방향전환을 요약해 보면 다음과 같다. 첫째, 개발협력의 중점분야가 빈곤퇴치에서 불평등 축소(From Poverty to Inequality)로 전환되고 있다. 둘째, 개발협력의 관점이 경제성장에서 지속가능성(From Growth to Sustainability)으로 이동하였다. 셋째, 자연재해, 전쟁 등으로 야기된 특정 지역주민들의 재난을 구제하기 위한 일시적 긴급구호에서 회복탄력성(From Rescue to Resilience) 강화로 지원방식이 바뀌고 있다. 넷째, 개발협력의 관심이 극빈계층에서 취약계층으로(From Extreme Poverty to Fragile People) 이동하고 있다. 이런 전환기 개발협력을 이 글에서는 'ODA 버전 1.5'라고 지칭해 보기로 하자.

특히 최근 들어 취약계층에 대한 관심이 점차 높아지고 있다. 전 세계의 인구를 부유층-중산층-취약계층-극빈층으로 분류해 보면 〈표 5〉에서 살펴볼 수 있는 것처럼 21세기 개발협력의 중점 관심대상은 6.85억 명의 극빈계층뿐 아니라 34억 명의 취약계층으로 확산되어야 한다. 이렇게 본다면 전 세계 총 인구 80억 명의 절반을 관심 대상으로 주목해야 할 것이다. 2023년 세계은행 보고서에 의하면[19] 코로나 사태 이전까지 하루 소득 $8에서 $12 사이의 상위 취약계층 인구 중 매년 1억 명이 중산층으로 상승 편입되는 추세였으나, 코로나 기간 중 이 추세가 약화된 반면, $2에서 $5 사이의 하위 취약계층 중 약 8,500만 명이 극빈층으로 다시 전락한 것으로 추산되고 있다. 이처럼 외부환경 변화에 따라 저소득층에서 빈곤층의 나락으로 쉽게 떨어질 수 있는 취약계층을 '취약한(precarious) 무산계층(Proletariat)', 즉 'Precariat'으로 지칭하고

19 World Bank Group(2022) 및 UN DCF(2023)

있고,[20] 이들에 대한 관심이 21세기 국제사회복지의 새로운 영역이다.

〈표 5〉 전 세계 계층별 추정 인구(2022년)

계층	1일 소득	추정인구
부유층	$120 이상	2.5억 명
중산층	$12-$120	36억 명
취약계층	$1.95-$12	34억 명
극빈층	$1.95 이하	6.85억 명

출처: 세계은행 및 UN DCF 추정치를 필자가 집계

퓨연구소(Pew Research Center)의 연구에서도 코로나로 인한 전 세계 빈곤층의 하향 이동 경향을 구체적으로 추계하고 있다. 코카르(Kochhar)는 2011년 실질가격으로 환산한 2020년 세계 인구의 소득계층을 코로나 사태 이전의 전망치와 코로나 사태 이후의 추정치로 나누어 그 차이를 보여주고 있다.[21] 이곳에서의 저소득층이 위에서 언급한 취약계층과 유사한 개념이다.

〈표 6〉 소득계층별 세계인구와 코로나의 영향

계층	1일 소득 (미화 2011년 실질가격)	2020년 인구(백만 명) (코로나 이전 전망치)	2020년 인구(백만 명) (코로나 이후 추정치)
고소득층	$50 이상	593	531
상위 중소득층	$20.01-$50	1,176	1,140
중소득층	$10.01-$20	1,378	1,324
저소득층	$2.01-$10	3,936	3,956
빈곤층	$2 이하	672	803

출처: Pew Research Center(https://www.pewresearch.org/global/2021/03/18/)

20 Precariat이란 용어는 Precarious(취약한)란 단어와 Proletariat(노동자 계층)의 합성어로 2011년 Guy Standing의 저서인 *The Precariat: The New Dangerous Class*에서 시작됨.

21 Rakesh Kochhar(2021)

복합위기 관리

우리 인류가 살아가는 지구는 온난화 등 대기환경의 변화로 초래된 자연재해가 발생하는 빈도와 심도가 과거에 비해 훨씬 높아졌다. 또한 2020년의 코로나와 같이 단기간에 지구촌 전체로 확산되는 팬데믹 전염병이 창궐할 가능성도 높아지고 있다. 따라서 이를 대비하기 위한 지구촌의 협력이 요청되고 있다. 이를 위한 대비책으로는 첫째, 빈번하게 발생하는 재난에 대처하기 위한 긴급구호 상시대비 및 국제적 공조체제를 구축해야 한다. 둘째, 빈곤퇴치를 넘어서는 총체적 인간안보(Human Security)가 국제개발협력의 중심 개념으로 자리 잡고, 이를 구현하기 위한 정책지원이 마련되어야 한다. 셋째, 국경을 넘어서서 발생하는 복합위기를 관리하기 위한 다부문협력, 국제사회의 연대와 협력이 강화되어야 한다.

사회보장 및 사회안전 시스템 구축

UN의 보고서에 따르면[22] 전 세계적으로 40억 명 이상의 사람들이 사회안전망에서 제외된 상태이다. 이 중 16억 명의 사람들은 재무, 식량, 에너지 3대 위기의 1가지 이상에서 매우 취약한 상태이고, 이 중 12억 명은 이 세 가지 위기 모두에 노출되어 있는 상태이다. 이를 해소하기 위해서는 개발도상국에서만 연간 1.2조 달러의 재원이 필요한 상태이다.

새로운 개발재원 발굴과 참여 주체

복합위기 관리에 필요한 막대한 재원을 확보하기 위해서는 공적개발원조(ODA) 자금만으로는 감당하기 어려운 세상이 되었다. 따라서 전통적인 공

---

22 UN(2023)

공재원 조달방식을 넘어서는 새로운 재원 발굴이 최근 들어 국제개발협력계의 새로운 화두가 되고 있다. 첫째, 민간재원의 동원과 시장친화적인 혁신적 투자 방식의 중요성이 부각되고 있다. 둘째, 사회적 경제, '효율적 이타주의(Effective Altruism)' 등 공공성과 기업성이 혼합된 형태의 제3의 방식이 강조되고 있다. 셋째, 전통적인 공적개발원조(ODA)의 공여액을 확대하고, 여기에 사우디아라비아, 중국, 브라질, 인도, 튀르키예 등 신흥공여국들의 역할이 강조되고 있다.

디지털 기술의 확산과 기술격차 해소

AI 등 제4차 산업혁명으로 불릴 만한 새로운 디지털 기술의 발전으로 지구촌이 초연결사회로 진화하고 있다. 스스로 지식을 축적하는 생성형 컴퓨터의 등장은 기대만큼이나 큰 우려도 자아내고 있다. 과연 이 현상이 디지털 유토피아를 가져다줄지, 디지털 디스토피아를 초래할 것인지? 개발도상국에게 새로운 기회가 될 것인지, 혹은 위기가 될 것인지에 대한 거대 담론이 보다 진지하게 검토되고, 국제사회의 토론이 활성화되어야 할 시점이다.

개발도상국의 고령화 문제

국제개발협력에서 다루었던 전통적인 주제와 관심 대상은 개발도상국의 아동, 여성, 소수민족의 인권과 역량개발이었다. 그러나 범세계적인 고령화 추세는 더 이상 선진국만의 문제가 아니다. 21세기의 개발도상국에서는 지난 세기 서구 선진국들의 경우와 다르게 경제발전을 이루기 전에 고령화 사회로 진입하는 소위 '미부선로(未富先老)' 현상이 나타나고 있다. 따라서 새로운 사회적 부담이 증가하고 있고, 이에 대비한 새로운 재정 수요가 급증하고 있다.

Ⅳ. 한국의 공적개발원조(ODA): 현황과 추진방안

① 한국 공적개발원조(ODA)의 성장 과정

한국은 공적개발원조(ODA) 공여국으로서 약 35년의 역사를 지니고 있다. 비록 1960년대 말부터 국제기구의 재정지원 하에 간헐적으로 국제연수사업을 시작하였고, 1982년 순수한 우리나라 자체의 재정지원 하에 「한국개발연구원(KDI)」이 주관하는 『국제개발연찬사업(International Development Exchange Program: IDEP)』이 정례화 되었지만, 이는 한국이 「경제개발협력기구(OECD)」의 회원국인 선진국의 지위로서가 아니라 중진국의 입장에서 '남남협력(South-South Cooperation)'의 일환으로 '개발도상국간의 기술협력사업(Technical Cooperation among Developing Countries: TCDC)'을 제공한 것이었다. 본격적인 해외원조사업은 1987년 유상원조기관인 『경제개발협력기금(Economic Development Cooperation Fund: EDCF)』이 설립되면서 시작되었다. 이어 1991년 무상원조기관인 「한국국제협력단(Korea International Cooperation Agency: KOICA)」이 창립되었다. 이렇게 보면 한국의 국제개발협력은 서구사회에 비해 약 30년 짧은 연륜을 갖고 있는 셈이다.

한국의 국제개발협력은 2010년 「경제개발협력기구(OECD)」 산하의 「개발원조위원회(Development Assistance Committee: DAC)」의 회원국이 되면서 국제사회에서 공식적인 선진 공여국으로 인정받게 되고, 선진 규범을 준수하면서 공여국들과 협력하는 계기가 되었다. 이에 발맞추기 위해 같은 해 국내에서 '국제개발협력기본법'도 제정되었다. 또 이 해는 한국에서 제3차 'G20 회의'가 개최되면서 한국의 제안으로 G20의 정식의안으로 개발의제를 포함시켰다. 2011년에는 부산에서 '원조효과성에 관한 제4차 고위급회의'를 개최하여 '효과적인 개발협력을 위한 범지구적 협력(Global Partnership for Effective Development Cooperation: GPEDC)'이란 향후 국제사회 원조 집행의 실천방안을 정립하는 데 큰 기여를 하였다.

② 한국 공적개발원조(ODA)의 실적과 현황

한국의 공적개발원조(ODA)는 2023년 예산기준 4조 7,771억 원(약 35억 불 상당)으로 이를 국내 45개 기관이 참여하여 전 세계 92개국에서 1,840개의 사업을 시행하는 중이다. 이를 국제적으로 비교하기 위해 2021년 통계를 인용해 보면, 한국의 개발협력 규모(증여등가액 기준)는 28.5억 불(한화 3.27조 원)을 지출하여 OECD-DAC 30개 회원국 중 15위를 차지하고 있다. 2021년 국민소득 대비 ODA의 비율은 0.16%로 아직도 당해연도 OECD-DAC 평균치 0.33%에도 한참 못 미치고 있다.

〈그림 1〉 한국의 ODA 총액과 국민소득 대비 비율(2012-2021)

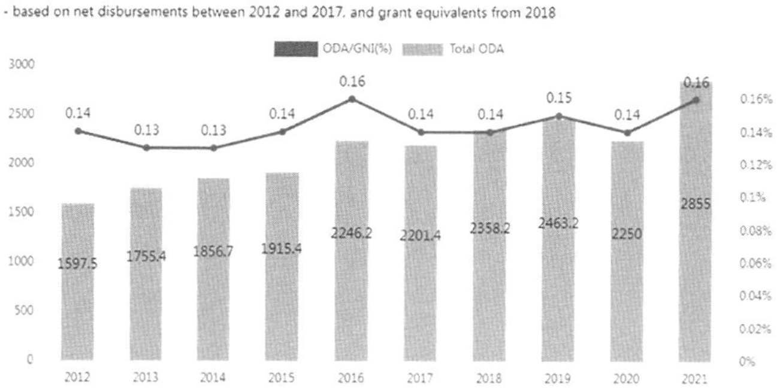

출처: OECD-DAC, ODA Statistics

③ 한국 개발협력의 특징

수원국에서 공여국이 된 최초의 국가

한국의 개발협력을 논의할 때 빠질 수 없는 특이점은 대한민국이 세계 최초이자 DAC 회원국 중 유일하게 원조를 받던 수원 최빈국에서 원조를 주는 나라(공여국)로 탈바꿈한 나라란 사실이다. 한국전(1950년-1953년) 동안은 물론 전후 복구과정에서 한국은 세계에서 가장 많은 무상원조를 받은 나라였다. 1960년대 이후에도 미국, 일본, 독일 등의 나라로부터 무상원조와 국제시장 이자율보다 낮은 '양허성 차관'을 수령하여 경제개발에 필요한 각종 인프라를 구축할 수 있었다. 한국은 1980년대 후반을 분기점으로 수원국에서 공여국으로 전환되었다. 따라서 한국은 그 존재만으로도 많은 수원국에게 희망의 등불이 되고 있고, 한국의 원조와 개발경험공유는 수원국들에게 빈곤탈피에 대한 가능성과 원조의 진정성을 함께 전달해 주고 있다.

신흥공여국

한국 개발협력의 역사는 주요 선진국들에 비해 짧다. 이제 겨우 35년이 되었을 뿐이다. 이렇듯 비교적 최근에 개발협력에 참여하는 나라들을 '신흥공여국(Emerging Donors)'이라 부르고 있다. 따라서 한국은 2010년 이래 OECD-DAC 회원국으로 분류되기도 하지만, 때로는 터키, 중국, 사우디아라비아, 남아공 등과 더불어 신흥공여국의 일원으로 분류되기도 한다. 따라서 한국은 기존 서구열강들의 접근방식과는 조금 다른 시각으로 개발협력에 임하고 있는 편이다.

적은 원조금액

한국의 원조총액(2021년 기준)은 아직도 30개 DAC 회원국 중 15위에 머물고 있고, 그 액수도 미국의 1/15, 독일의 1/11, 일본의 1/6, 영국의 1/5.5에 불과하다. 우리와 경제규모가 비슷한 이탈리아는 물론, 우리 인구의 1/5에 불과한 스웨덴도 우리보다 2배 이상을 쓰고 있다. 심지어 우리 인구의 1/10에 불과한 노르웨이도 우리의 1.6배 이상을 쓰고 있으며, DAC 회원국이 아닌 중국, 터키는 우리의 2배 이상, 사우디아라비아도 우리와 비슷한 액수를 원조로 제공하고 있다. 국민소득 대비 원조제공액 비율도 한국은 0.16%로 30개 DAC 회원국 중 25등이다. 룩셈부르크, 노르웨이, 스웨덴이 0.9%를 상회하고, 독일과 덴마크가 0.7%를 넘는 것과 비교하면 한국의 원조는 매우 야박한 셈이다.

빠른 증가 속도

한국의 공적개발원조(ODA)의 총액과 비율은 아직 여타 선진국과 비교할 바가 못 되지만, 그 증가 속도만큼은 어느 국가보다 빠르다. 특히 코로나 와중에서도 한국의 공적개발원조는 꾸준히 증가하고 있다. 2020년과 2021년 사이 소위 원조 최모범국들인 영국, 스웨덴, 노르웨이, 네덜란드가 각각

-21.2%, -15.7%, -11.6% -7.2%씩 원조예산을 삭감했던 데 반해 한국은 +20.7%의 증가세를 시현하였다. 우리나라는 2022년에도 ODA예산으로 4조 425억 원을 책정하여 전년 대비 +12.4% 증가시켰다. 2023년에도 +18.2% 증액된 4조 7,771억 원의 예산을 편성하였고, 2024년 예산은 6조 3,000억 원에 이르러 전년 대비 물경 +32% 증가되었다.[23]

구조와 운영방식의 후진성

한국 ODA의 가장 큰 문제점은 적은 규모가 아니고, 구조와 운영방식이다. 시작 초기부터 부처이기주의가 고착되어 국제규범과 동떨어진 독특한 후진성을 벗어나지 못하고 있다. 몇 가지 문제점을 지적하면 다음과 같다. 첫째, 유상원조의 비율이 지나치게 높다. 주요 DAC 국가들은 거의 100% 무상원조를 제공하고 있지만 우리나라는 지속적으로 유상원조의 비율을 낮추고는 있지만 2020년 기준 무상:유상의 비율이 66:34이다. 이 독특한 구조는 우리나라의 대외원조가 당시 경제기획원 주도의 유상원조(차관)로 시작했던 잘못된 포석의 관행이 아직도 남아있기 때문인 것으로 해석된다. 둘째, 구속성 원조(tied aid)의 비율이 높고, 따라서 잘 집행이 안 되고 있다. 2018년 기준 각국의 구속성 원조비율은 OECD-DAC 평균이 16.1%인 데 반해 우리나라는 55.4%였고, 따라서 같은 해 유상원조의 집행률은 우리나라가 41.5%로 DAC 평균 70%에 비해 훨씬 낮다. 셋째, 원조 집행기관이 세계 최고 수준으로 분절화되어 있다. 2023년 현재 47개 중앙부처 및 공공기관이 독자적으로 참여하고 있고, 외교부 중심이 아닌 기획재정부와 국무총리실이 중심역할을 하고

---

23 2024년 한국 ODA 예산의 폭증은 한국 국제개발협력 규모를 임기 중 세계 10위권으로 육성하겠다는 윤석열 정부의 의지도 작용하고 있지만, 보다 근접하게는 2030년 세계 엑스포를 부산에 유치하는 전략으로 국제사회에 ODA 대폭 지원을 공약한 후속조치이다.

있는 독특한 구조이다. 넷째, 단기적-가시적 사업에 치중하고 있다. 2020년 기준 약 70%의 사업이 10억 원 미만 사업으로 행정비용이 상당히 높을 수밖에 없는 구조이다. 다섯째, 개발협력을 국익 실현의 수단으로 보는 시각이 만연해 있다. 정부의 『국제개발협력 기본계획(2021-2025)』이나 「한국국제협력단(KOICA)」의 『중장기(2024-2028) 경영목표』에도 비전을 '국익 실현'으로 제시하고 있다. ODA는 직접적, 단기적인 국익 실현의 수단이 되어서는 안 되고, 간접적, 우회적, 장기적인 국익 실현 수단으로 바라보아야 한다. 가장 헌신적인 것이 가장 애국적이라는 생각으로 국제사회에 조건 없이 베풀 때 그것이 대한민국의 국가 브랜드를 높이고, 국가경쟁력을 실현하는 도구로 활용될 수 있을 것이다.

④ 한국 개발협력의 향후 과제

한국 ODA의 향후 발전방향은 한마디로 MBA다. 즉, 더 많이(More), 더 좋은(Better) 원조(Aid)를 제공하는 것이다.

지속적 증액

한국의 개발협력 규모는 아직도 국제기준에 비해서는 매우 적은 액수이다. 위에서 언급한 대로 원조총액과 국민소득 대비 비율 양 측면에서 우리나라의 위상은 부끄러울 정도다. 따라서 조속한 시일 내에 OECD-DAC 평균치인 국민소득의 0.36%(2022년 기준)까지 원조총액을 늘리는 방안에 대한 국민적 합의가 필요하다. 2010년에 제정했던 '국제개발협력 선진화방안'에서 제시했던 2020년 목표는 정치적 필요성에 따라 이미 오래전에 폐기되었고, 하향 조정한 목표치와 달성 연도도 자꾸 지연되고 있는 실정이다. 유권자가 없는 사업의 특성상 정치적 압력 부재로 정부의 실행의지가 약해질 수밖에 없는 취약한 분야이다.

원조의 질 제고

서구 선진국의 경우 공적개발원조(ODA)는 무상원조를 의미한다. 그러나 우리나라의 개발협력은 국제사회의 관행과 달리 아직도 유상원조의 비중이 꽤 높은 편이다. 비록 그 비중이 조금씩 낮아지고는 있지만, 아직도 2020년 현재 총지원액 중 유상원조의 비중이 34%에 달하고 있다. 또한 지구촌의 노력이 지속가능발전목표(SDGs) 달성에 기울여지고 있는 반면, 한국은 아직도 경제개발분야 지원에 방점을 두고 있고 지원국가도 최빈국이나 취약국 위주가 아니라 중소득국 중에서 소위 우리 나름의 '전략국가'에 치중하고 있다. '원조의 질'과 관련하여 우리 스스로가 2011년 부산에서 열린 제4차 원조효과성회의에서 그 중요성을 강조해 놓고 지키지 못하는 분야가 원조의 '소유권(ownership)'을 수원국에 넘기는 문제이다. 이를 타개하기 위해서는 대한민국 원조의 효과성을 제고하기 위한 범부처 차원 정책일관성(policy coherence)을 점검-유지해야 할 것이다. 2021년 미국「브루킹스연구소」산하의「글로벌개발센터(Center for Global Development)」가 발표한 '원조의 질' 평가에 의하면 우리나라의 원조는 평가대상 40개국 중 24위로 DAC 회원국 중에서는 거의 바닥 수준에 머물고 있다.

〈그림 2〉 '원조의 질' 평가 국제비교

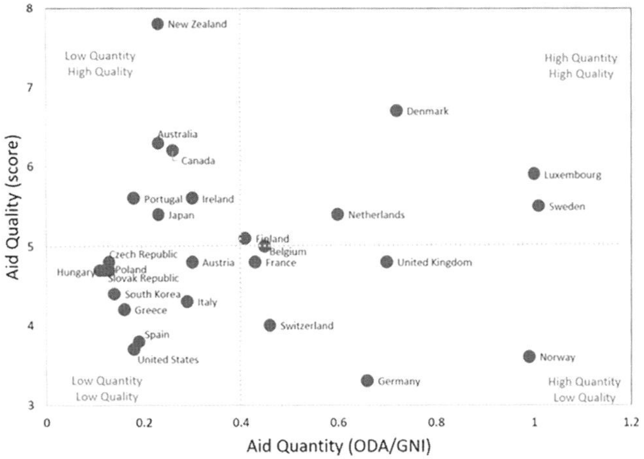

출처 : Mitchell, Ian and Caitlin McKee(2018)

시민사회의 참여 확대와 윤리 제고

우리나라 원조의 집행은 여전히 공공분야가 절대적으로 주도권을 쥐고 있다. 조금씩 나아지고는 있으나 여타 선진국에 비해 시민사회 주도 사업의 비율은 아직도 매우 낮은 실정이다. 한국국제협력단(KOICA) 사업의 경우 연간 예산의 5% 미만이 시민사회를 통해 지원되고 있고, 유상원조기관 및 여타 기관들의 경우에는 그 비율이 무시될 만한 수준이다. 우리나라 개발협력 시민단체 활동에 대한 정부의 시각은 사업집행의 파트너가 아니라 감시 및 조성(advocacy)기관이란 고정관념이 있다. 물론 여기에는 예산의 합법성 확보라는 난제가 놓여 있고, 난립하는 우리나라 시민단체들의 도덕성, 윤리성 확보가 선결되어야 할 것이다. 그러나 디지털 세상에서 구현할 수 있는 투명성을 감안할 경우 정부의 시민사회에 대한 고정관념을 깰 시점이 되었다고 본다.

실행체계 개선

우리나라는 2022년 ODA 예산으로 4조 425억 원을 책정하고 이를 88개 국가의 1,765개 사업에 지원하였다. 그러나 무려 44개의 국내 기관이 이 예산에 빨대를 꼽고 있다. 이는 우리 국민들이 마련해 준 성금이 너무 많은 행정비용으로 유용되는 비효율성을 초래하고 있을 뿐 아니라, 수원국 원조 당국을 매우 힘들게 하여 원조의 소유권에 대한 심각한 문제를 초래하고 있다. 국제사회의 추세는 이러한 원조 '분절화(fragmentation)'를 경계하고 통합적 집행을 권고하고 있으나, 우리나라는 부처이기주의로 인해 통합화가 이루어지지 않고 있고, 이를 조정하는 행정적 비효율과 비용이 지나치게 큰 나라이다. 우리나라의 원조는 아직도 외교부 주관이라기보다는 국무총리실이 총괄하면서, 실질적으로는 기획재정부가 주도권을 잡고 있는 세계적으로 유례가 없는 파행적 구조를 유지하고 있다.

아래의 상자 글은 이러한 한국 ODA의 파행적 권력구조를 우화로 묘사한 것이다.

상자 글 1

"오다(ODA)교 지키기"

옛날 옛적 유연(柔聯)국 천자가 세상을 지배하고 있을 적 이야기이다. 세상에는 200개가 넘는 나라들이 있었다. 대자대비하신 유연국 천자께서는 잘사는 나라가 못사는 나라를 도와야 한다는 칙령을 내리셨다. 이 칙령을 받들어 한때 찢어지게 가난했지만 이제 잘살게 된 대한(大韓) 나라와 아직도 가난한 후진(後進) 나라를 갈라놓았던 깊은 골짜기 위로 멋진 다리가 건설되었다. 이름하여 '오다교(ODA橋)'. 이제 이 다리를 통해 대한국이 후진국을 도울 수 있게 되었다.

오다교를 지키기 위해 보초를 두고 통행료를 한 닢씩 징수하기로 하였다. 처음 임명된 보초는 저 산 아래 부자 마을인 기재리(企財里) 사람이었다. 한 사람이 종일 보초를 설 수 없으니 1명을 더 채용하였다. 이번에도 기재리 사람이 고용되었다. 보초가 둘이니 통행료도 두 닢이 되었다. 보초가 둘이 되니 이 둘을 관리감독할 필요성이 생겨서 상관을 임명하였다. 이제 통행료는 4닢이 되었다.

그런데 골짜기 근처 마을인 외교리(外交里) 주민들이 가만히 보니 모든 물자가 자기 마을을 통과해서 가는데 통행료 수입은 기재리 사람들이 챙기고 있었다. 게다가 천자께서 공짜로 주라 하신 칙령을 어기고 도와준다는 미명하에 슬쩍슬쩍 장사를 하고 있었다. 외교리 주민들이 발끈하여 우리가 다리를 지키고 관리책임을 맡아야 된다고 데모를 하였다. 다른 모든 나라들도 그러하다고 읍소하였다. 대한국 임금이 들어보니 그럴 듯하여 그러라고 하였다. 그러자 기재리 주민들도 발끈하여 데모를 하였다. 그동안 우리의 노력이 상당하였고 기득권을 인정해 줘야 하지 않느냐고 하였다. 그런 배경에는 그 다리 건너 후진국은 물론 그 너머에 있는 선진국(先進國)의 큰 시장에 가서 산더미 같이 쌓인 진귀한 물건들을 사오고, "I'm Fox"나 "World Band" 같은 이름난 청루에 가서 요염한 여인들과 주연을 즐기고, 잔디밭에서 휘두르는 서양 자치기를 치고 싶은 욕심도 있었기 때문이었다.

하도 알륵이 심하니 영명하신 주상 전하께서 그럼 초소를 하나 더 마련하여 한쪽 끝은 기재리에서, 다른 쪽 끝은 외교리에서 책임지라고 하였다. 이제 통행료는 8닢이 되었다. 그러니 좀 조용해졌다. 두 마을은 때로는 반목하였지만 때로는 협력하여 통행물량을 점차 늘리기 시작하였다. 이제 다리를 건너가는 물자가 점점 많아지면서 기재리와 외교리 사람들의 수입이 짭짤해졌다. 그런데 기재리가 건네주는 물건들은 저 마을에 가서 장사하는 것이라서 비까번쩍한 것들인데, 외교리가 건네는 물건들은 자질구레한 잡동사니 구제품뿐이니 영 신명이 나지 않는 일이었다. 둘 사이에 다시 반목질시가 시작되었다.

골치가 아파진 대한국 임금은 이를 어찌하면 좋겠느냐고 도성 근처에 있는 국무리(國務里) 촌장에게 상의하였다. 도성 가까이 있다곤 하나 외국물은 먹을 기회도 없이 옹색하게 살았던 국무리 촌장은 옳다구나 하고 묘책을 건의하였다. 둘 사이의 반목질시를 공정하고 객관적으로 조정감찰할 수 있는 자리를 만들자고 했다. 여러 다른 일로 골치가 아픈 주상 전하께서는 그럼 그 일을 국무리 촌장께서 현명하게 처리하여 주기 바란다고 하였다. 이리하여 다리 한가운데 높은 탑을 쌓고 양 초소를 감시하는 고위직 감독관이 파견되었다. 이들은 보초는 서지 않으면서 경계근무에 바쁜 양 초소의 보초들을 불러내서 경계수칙을 잘 지키라고 일장훈계를 일삼으면서, 슬쩍슬쩍 자기 마을 국무리의 물건들도 끼워 팔기 시작하였다. 이제 통행료는 15닢이 되었다.

국무리, 기재리, 외교리 세 고을이 원조를 도맡아 하면서 짭짤한 수입을 올리고 있다는 소문이 온 나라에 퍼졌다. 이제 교육리(敎育里), 복지리(福祉里), 농식리(農食里) 등 여러 고을이 나서서 자기네 물건도 팔고, 자기들도 오다교를 지키는 숭고한 임무에 동참하겠노라고 아우성치기 시작하였다. 외교리는 근처 마을이니 그렇다 치지만 자기들보다 더 멀리 있는 기재리와 국무리가 왜 그 일에 참여하느냐고 논박하였다. 궁지에 몰린 국무리 촌장과 기재리 촌장이 모여 상의하였다. 머리 좋은 기재리 촌장이 묘책을 꺼내 들었다. "형님, 물타기 작전이라고 들어보셨죠? 저 외교리 녀석들의 명분론을 감당하기 어려우니 촌장단 회의를 만들어서 형님이 좌장, 제가 부좌장을 하면서 이

난국을 헤쳐 나갑시다." 국무리 촌장이 무릎을 탁 치며 응수했다. "좋은 의견일세, 그렇게 하세. 그리고 모든 마을 사람들이 다 와서 조그만 초소를 하나씩 짓게 하면 감히 외교리가 자기네 소관사항이란 주장을 못 할 것 아닌가?" 그리하여 국무리 촌장이 좌장인 이름만 거창한 '국제개발협력촌장위원회'가 결성되고, 오다교 난간을 따라 44개나 되는 초소들이 설치되었다. 한때 그렇게 넓고 훤하여 통행이 원활하던 오다교는 이제 판잣집 같은 초소들이 다닥다닥 들어섰고, 물자를 검수하고 통행료를 징수하느라 우마차의 행렬이 끝없이 늘어서서 악다구니 난장판이 되었다. 그럴수록 국무리 관아의 권한은 세졌고, 고을마다 몰고나온 우마차는 갈 길도 모른 채 후진국 들판을 우왕좌왕 헤매다가 엎어지기 일쑤였다. 이제 통행료는 30닢이 되었다.

다리 안쪽 끝에 있던 기재리 초소가 멋진 5층 누각으로 새로 지어졌다. 그러자 외교리도 질세라 다리 바깥쪽 끝 초소를 5층 누각으로 올렸다. 중앙의 국무리 초소는 통괄책임을 지는 관청의 위용을 보이기 위해 하늘 끝까지 닿을 듯 날렵한 처마를 가진 9층 누각이 되었다. 이제 국무리 관아 꼭대기, 저 아래 넘실대는 강물을 굽어다 보는 집무실에는 도성의 참판급 고위직이 뻐기고 앉아서 44개 초소장들을 호령하고 있다. 이제 오다교 통행료는 50닢으로 올랐다. 후진국으로 가는 쌀가마니는 초소마다 한 술씩 통행료를 덜어 가느라 마지막 외교리 초소를 통과할 때쯤엔 홀쭉해져 버렸다. 그리고 마을마다 청사를 새로 짓기 시작하였다. 오다교 교각엔 하루하루 잔금이 늘어갔다. 그러던 어느 날 밤 날카로운 파열음이 골짜기를 울렸다. 순간 오다교가 출렁거렸다.

Ⅴ. 한국의 공적개발원조(ODA) 전략 분야로서의 스마트복지

① 한국 ODA의 전략적 포지셔닝(Positioning)

ODA의 양면성

냉전구도 속에서 그리고 이후의 국제질서 속에서도 국제개발협력은 순수한 자선과 나눔의 가치만으로 시행되지는 않았다. 즉, 개별 국가의 국익이 내재된 연성권력(soft power)의 정책수단으로 활용되었기 때문이다. 이처럼 지구시민의 양식과 국가적 전략이 혼합된 장(場)이 국제개발협력이다. 따라서 ODA는 국제사회의 책임을 다하고 존경받는 나라가 되기 위한 가장 확실한 연성권력의 정책수단으로서의 전략적 가치를 내포하고 있다. 보다 구체적으로 ODA는 국가안보와 경제통상의 중요한 연결고리이자, 개발도상국 진출의 교두보를 구축하고 마중물을 생성하는 중요한 정책수단이다.

한국 ODA의 전략

한국의 국제개발협력도 마찬가지다. 2010년 제정된 『국제개발협력기본법』은 제1조에서 "인류의 공동번영과 세계 평화의 증진에 기여함"을 한국 개발협력의 목적으로 선언하고 있다. 그러나 세부 추진계획에서는 이러한 인류의 보편적 가치를 추구하는 것과 동시에 국익 실현을 세부 목표로 제시하고 있다. 즉, 『제3차 국제개발협력기본계획(2021-2025)』에서는 "협력과 연대를 통한 글로벌 가치 및 상생의 국익실현"을 비전으로 채택하고 있다. 2022년에 출범한 윤석열 대통령 정부에서도 "전략적 ODA를 추진"하여 "글로벌 중추국가 실현"에 기여하는 것을 새 정부 국제개발협력의 추진방향으로 정하고 있다. 이에 따라 대표적인 무상원조기관인 「한국국제협력단(KOICA)」도 『KOICA 중장기 경영목표(2024-2028)』에서 "글로벌 중추국가 실현을 위한 맞춤형 개발협력 추진"을 비전 목표로 채택하였다.

한국 ODA의 전략적 포지셔닝(positioning)

위에서 언급된 기본법과 관련기관의 목표를 충족시키기 위한 필요조건은 ODA 규모를 확대하고 국제사회의 규범과 정합하는 ODA를 시행하여 한국의 ODA를 선진화해야 하지만, 또 한편으로 ODA 재원을 전략적으로 포지셔닝(positioning)하는 것이 ODA를 통해 국익을 실현하기 위한 충분조건이다. 이러한 시각에서 우리나라의 발전과정에서 이룩한 성공사례와 현재 우리가 보유하고 있는 기술적/문화적 비교우위를 면밀하게 검토한 후, 이들 중 글로벌 보편성과 협력국의 수요에 부합되면서 한국의 독자성이 있는 분야나 사업을 한국 ODA의 대표 브랜드나 전략 분야로 육성해야 할 것이다. 이러한 관점에서 한국의 대표브랜드 및 전략분야로 육성할 수 있는 분야 및 주제와 본격적으로 시행된 시기는 다음 표와 같다.

〈표 7〉 한국 개발협력의 대표 브랜드와 중점 시행 시기

시기 분야	1960년대	1970년대	1980년대	1990년대	2000년대
농림업	산림녹화, 농지정리 신품종 보급				스마트 팜
경제/산업	수출진흥	산업정책 산업단지개발	안정화 정책	위기극복	IT산업육성
인적자원개발	초중등교육 확충	직업훈련	고등교육 인력		
인구보건	모자보건, 가족계획 기생충퇴치, 폐결핵 퇴치	보건소 확충 보건의료인력 양성	건강보험	의료인력 양성 병원관리	원격의료
교통/지역개발	수자원개발	새마을운동	도로교통체계	항만관리	공항관리
사회복지			기초생활보장	사회복지 관리 국민연금	스마트복지
행정/정보화		주민등록제			e-Government
문화예술					K-Contents
국제개발협력			초청연수	개발차관, 무상원조	봉사단 파견

* 필자 작성

ODA 대표 브랜드화의 요건

아울러 한국 ODA의 대표 브랜드화를 위한 선정기준으로 다음과 같은 7가지 요건을 제시해 보고자 한다.

① 콘텐츠: 개발도상국과 공유할 해당 분야의 정책 경험이 충분한가?

② 수월성: 공유할 콘텐츠의 비교우위가 있는가?

③ 기술력: 개발현장에서 구현할 수 있는 기술력을 보유하고 있는가?

④ 필요성: 협력국으로부터 요청받을 만한 분야인가?

⑤ 현지성: 협력국의 인프라, 제도, 인력이 구비되어 있는가?

⑥ 경쟁구도: 해당 주제/분야에 대한 개발현장에서의 경쟁이 얼마나 치열한가?

⑦ 파트너십: 여타 공여국 및 협력국 정부/기관과의 파트너십이 가능한가?

② 한국 ODA 전략분야로서의 스마트복지

복지 패러다임의 변천

사회복지의 패러다임은 국가의 역할에 대한 시민의식, 그리고 산업기술의 발전과 더불어 진화하고 있다. 즉, 전통사회의 '잔여적 복지'에서, 산업사회의 '보편적 복지'로 진화한 데 이어 정보통신사회의 '스마트 복지'로 발전하고 있다.[24] 스마트복지의 견인차는 정보통신기술, 특히 스마트폰이나 소셜네트워크서비스(SNS)와 같은 스마트기술이다. 이제 국가는 스마트기술을 활용하여 복지 수혜자에게 맞춤형 정보를 제공하는 등 개별 서비스를 제공할 수 있고, 반대로 개개인도 앉은 자리에서 국가를 상대로 필요한 서비스를 요청할 수 있는 쌍방향 복지전달체계가 가동될 수 있는 기술적 기반이 마련되었다.

스마트복지의 개념과 유용성

'스마트복지(Smart Welfare)'는 일반적으로 "디지털 기술을 활용한 사회복지"로 정의되고 있다. 때로는 "e-Welfare"란 용어와 동일시되기도 한다. 스마트복지는 정보통신기술의 연결성과 소통성을 매개로 한 혁신적 복지 패러다임으로서 '찾아오는' 복지가 아니라 '찾아가는' 복지, 시혜적 복지가 아니라 참여지향적 복지, 자원배분 위주의 소비적 복지가 아니라 지속가능한 생산적 복지를 지향한다.[25] 따라서 디지털 기술이 고도화되고 대중화된 21세기에 구현될 수 있는 사회복지 시스템이다. 스마트복지에 활용 가능한 디지털 기술은 스마트폰, 사물인터넷(IoT), 로봇, 빅데이터, 인공지능(AI) 등 21세기의 정보통신기술이고, 따라서 스마트복지는 21세기의 산물이다.

---

24 김종길(2012)

25 상게서(2012)

스마트복지는 기존 복지 서비스 및 전달체계의 효율성을 대폭 향상시킬 수 있는 새로운 복지관리방식으로 다음과 같은 여러 가지 효과를 가져올 것으로 기대된다.[26] 첫째, 복지 서비스 제공자와 수혜자 사이의 쌍방향 접근성을 제고한다. 둘째, 데이터 분석, 인공지능(AI) 등을 활용하여 정확한 복지 수요 파악이 가능하기에 개인 맞춤형 서비스를 제공할 수 있다. 셋째, 온라인 복지 서비스로 시설 및 이용자 사이의 공간적 제한을 해소하고 적은 인력으로 높은 수준의 서비스를 제공하는 것이 가능해지기 때문에 복지 비용의 효율성을 높일 수 있다. 넷째, 디지털 콘텐츠를 활용하여 다양한 복지 서비스를 제공할 수 있다. 다섯째, 디지털 기술과 복지 서비스의 결합으로 데이터 분석을 통한 복지시스템 향상에 기여하고, 관련 기술과 정책의 개선이 용이해진다. 여섯째, 스마트 복지 분야의 다양한 고용창출 효과가 기대된다.

스마트복지 도입의 선결조건

스마트복지는 디지털 기술의 확산만으로 하룻밤에 도입할 수 있는 제도가 아니다. 이 서비스를 도입하기 위한 기술적, 제도적, 법적 기반이 동시에 구축되어야 한다. 이를 구체적으로 살펴보면 다음과 같다.[27] 첫째, 지속가능한 스마트복지를 위한 정보 인프라 확충 및 법제도 정비가 필요하다. 둘째, 새로운 복지 정보망의 포괄적 도입에 따른 부작용을 해소해야 한다. 셋째, 복지 정보망에의 접근성 및 활용성 격차로 인해 발생하는 격차, 즉 사회복지 분야의 디지털 격차(Digital Divide)를 해소해야 한다. 넷째, 개인복지정보 보호책을 강구해야 한다.

---

26 서상목(2023), 22쪽

27 김종길(2012)

한국 ODA의 대표 브랜드로서의 스마트복지의 평가

스마트복지는 과연 한국 ODA의 전략분야로 대표 브랜드화할 수 있을까? 그 가능성을 위에서 언급한 한국 ODA의 대표 브랜드화를 위한 7가지 선정 기준으로 평가해 보기로 한다.

① 콘텐츠: 한국은 개발정책의 실험실이라고 불릴 수 있을 만큼 다양한 분야의 개발경험을 축적하고 있다.

② 수월성: 한국형 사회복지 전달 시스템과 제도는 이미 그 효과성이 널리 인정되고 있다.

③ 기술력: 한국의 디지털 기술 및 생산력은 세계 최고 수준이다. 특히 스마트복지와 밀접한 관련이 있는 전자정부 발전지수 평가에서 한국은 2022년 세계 3위로 인정받고 있다.[28]

④ 필요성: 사회복지 수요가 급증하는 반면 물리적 수요가 부족한 개발도상국들은 복지 전달 효율성이 높은 스마트복지에 대한 관심이 매우 높음.

⑤ 현지성: 스마트복지 도입의 선결요건인 디지털 인프라 구축 및 전문인력 양성, 디지털 문해력 상승 등의 큰 난제가 산적되어 있다.

⑥ 경쟁구도: 사회복지 전담 국제기구가 없고 아직까지 스마트복지를 개발협장에서 실제로 구현하고자 하는 시도도 많지 않은, 소위 '블루 오션(Blue Ocean)' 분야임.

⑦ 파트너십: 스마트복지는 사회복지 분야의 미래지향적 제도로 국제사회의 여망이 있는 분야임. 따라서 한국의 선도적인 역할에 동조

28 UNPAN(United Nations Public Administration Network), E-Government Survey 2022. (http://www.unpan.org/)

할 수 있는 국가와 국제기구, 시민사회 단체들을 손쉽게 확보 할 수 있음.

따라서 '스마트복지'는 'e-Government'와 더불어 향후 한국 ODA의 대표 브랜드로 활용될 충분한 여지가 있다고 판단됨. 이를 한국을 대표하는 몇 가지 개발협력 프로그램과 더불어 그 경쟁력을 도시화해 보면 다음과 같다.

〈그림 3〉 다이아그램 분석: 새마을운동, 직업훈련, 스마트복지

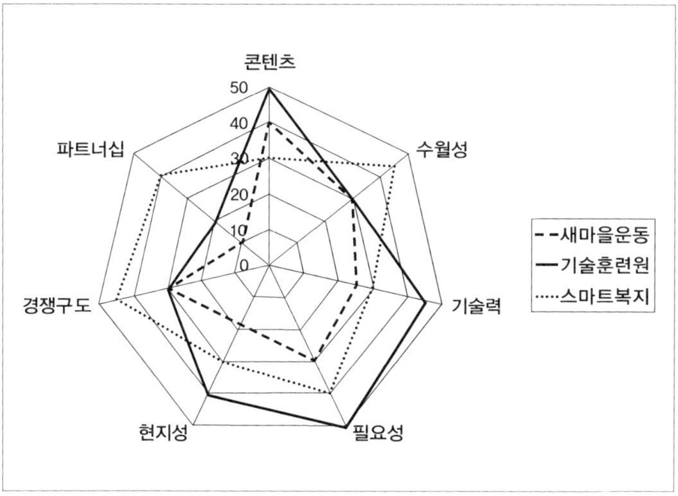

* 저자의 추론에 기반을 둔 주관적 평가임.

스마트복지의 콘텐츠

스마트복지의 가능성에 대한 검토 이후, 자연스럽게 떠오르는 고민은 "한국이 제공할 수 있는 스마트복지 ODA에는 과연 무엇을 담을 수 있을까?" 하는 문제이다. 이를 찾기 위한 한 가지 노력으로 "과연 우리가 개발단계에서 어떤 보건 및 복지 분야 정책이 성공적이었나?" 하는 질문을 해 볼 수 있다. 이에 대한 한 가지 해법은 2012년 국무총리실이 추진하고 「산업연구원」이

주관이 되어 시행한 "한국형 ODA 모듈화 사업"에서 찾아볼 수 있다. 당시 「산업연구원」은 우리나라의 발전과정에서 경험한 정책집행 지식을 모듈화하기 위해 159개의 모범사례(best practice)를 선정하여 이를 분석하고 기술하였다.[29] 이 중 보건복지 분야의 프로그램으로는 아래의 12개가 선정된 바 있다.

〈표 8〉 보건복지 분야 ODA 모범정책 사례

번호	사례
1	보건의료체계 강화를 통한 모자보건사업
2	의학교육을 중심으로 한 보건의료분야 인력교육사업
3	보건소 중심 1차 의료체계 강화사업
4	지역 거점 공공병원 현대화 사업
5	기생충 퇴치 사업
6	전 국민 건강보험을 통한 보건의료서비스 보장성 강화
7	폐결핵 관리사업
8	필수 예방접종 체계 구축
9	응급의료 체계 구축
10	빈곤경감 및 자활도모를 위한 국민기초생활제도 구축 및 운영
11	복지전달체계 효율화를 위한 사회복지 통합관리망 구축
12	지속가능발전을 위한 인구정책

출처: 주동주 외(2012)

물론 위에 열거된 사업의 대부분은 1960년대-1980년대 우리나라의 정책경험이 주를 이루고 있는 사업들이다. 따라서 이를 액면 그대로 전수하려 하지 말고, 21세기 후발 개도국의 실정에 맞게 보정하여 사용해야만 할 것이다. 이 밖에 한국 고유의 성공적인 사회복지전달 체계로 연구대상이 되고 있는 지역 종합사회복지관 등 1990년대 이후의 성공사례도 포함하고, 이화여대의 캄보디아 프놈펜왕립대 사회복지학과 개설 및 운영지원사업, 우간다, 말라위 등에서 간호대학교 개설 및 운영 경험 등 근년의 보건복지 분야의 개발협력

29 주동주 외(2012), 산업연구원

사업을 분석하여 우리나라의 스마트복지 ODA 사업의 콘텐츠를 검토한 후 여기에 디지털 기술을 이용하여 개발현장에서 구현할 수 있을 것이다.

③ 스마트복지 육성을 위한 ODA 전략

대외적 여건

개발 패러다임의 변화에 따른 대안적 발전모델에 대한 국제사회의 관심이 점고되고 있다. 이러한 추세를 엿볼 수 있는 몇 가지 변화는 다음과 같다. 첫째, 개발협력의 중심축이 경제성장(growth)에서 지속가능성(sustainability)으로 이동하고, 목표가 빈곤(poverty)에서 불평등(inequality)으로 이동하였다. 둘째, 제4차 산업혁명 혹은 Web 4.0 시대로 지칭되는 생성형 디지털 기술(AI, IoT, 빅데이터, 로봇, 메타버스 등)의 급격한 발전과 이 기술의 사회적 적용이 보편화되면서 개발협력 추진방식에도 큰 변화가 일어나고 있다. 셋째, 팬데믹, 자연재해 등 복합위기에 신속히 대처하고 극복하기 위한 국제사회의 '디지털 전환(digital transformation)'이 가속화되고 있다. 넷째, 스마트복지에 대한 범세계적 관심이 고조되고 있다. 예를 들면 핀란드, 덴마크 등 북구 국가들의 정책기조가 스마트복지를 지향하고 있고, 모디 총리의 인도도 '디지털 복지국가 건설'을 국가 정책의 목표로 설정하고 있다. 다섯째, 범세계적으로 사회혁신(social innovation)에 대한 욕구가 분출하고 있다.

대내적 여건

한국 정부의 정책기조에서도 스마트복지에 대한 우호적인 기류가 감지되고 있다. 첫째, 역대 정권에서 일관성 있게 디지털 정부(e-Government) 제도를 정착시키고 심화시키려는 노력이 이루어지고 있다. 그동안의 노력으로 한국은 2022년 UN이 평가하는 전자정부 발전지수 평가에서 세계 3위를 하였다. 2022년 취임한 윤석열 정부도 "디지털 플랫폼 정부 추진"을 국정과제 11번으로 채택하여 지속적으로 추진하고 있다. 둘째, 한국은 해외원조 '디지털 전환'의 선도국가이다. 셋째, 스마트복지는 윤석열 정부의 국정지표인 '글로벌 중추국가'와 '세계 10위권 ODA 선진국'이란 목표 구현을 지원할 수 있는 적절한 대안이다.

나. 스마트복지 육성을 위한 ODA 전략

스마트복지를 한국 ODA의 대표 브랜드로 육성하기 위한 단계별 정책 대안을 구상해 보면 다음과 같다.

첫째, 국무총리실 「국제개발협력위원회」가 중심이 되어 범부처(보건복지부, 외교부, 행정안전부 KOICA 등) 합동 태스크포스를 결성하여 '스마트 복지'를 지원하기 위한 기본계획 수립

둘째, 스마트복지 분야의 국내 정책경험 및 사례의 모듈화

셋째, 매 5년마다 개정하는 『국제개발협력 기본계획』 및 연간 실행계획에 반영

넷째, 대륙별 파일럿 프로젝트(pilot project) 시행. 이 경우 현지 여건이 비교적 잘 구비되어 있는 중소규모의 중소득 개도국(예: 스리랑카, 코스타리카, 가나 등)을 대륙별로 한 나라씩 선정하여 시범사업으로 추진하면서 면밀히 평가하고 모듈화.

다섯째, 이후 저소득국으로 확장 시행. 이 경우에도 이행 과정을 보다 손쉽게 모니터링할 수 있는 작은 나라부터 먼저 시행(예: 르완다, 캄보디아, 과테말라 등)

여섯째, 스마트복지 분야 개발협력 전담기관을 육성. 예를 들면「한국사회복지정보원」을 선도기관으로 지정하고 몇몇 민간 특화 전문기관이 현지 시행에 참여하는 컨소시엄 권장.

일곱째, 스마트복지 분야의 상설 국제기구로 (가칭)「UN Social Welfare」의 설립을 제안하고, 그 본부를 국내 유치. 이를 위한 사전 정지작업으로 (가칭)『Global Smart Welfare Forum』을 연례행사로 국내에서 개최하여 이 분야에 대한 사회적 지식을 축적하고, 국제사회의 의제 설정에 선도적 역할을 수행함. 또한 2025년『UN Social Development Summit』회의를 국내로 유치하여 국내외적으로 스마트복지에 대한 중요성을 부각시킴.

참고문헌

김종길(2012), “지식정보사회의 발전과 ‘스마트복지’의 조건”, 『사회와 이론』, 2012년 2호(통권 제21-2집): 645-696.

서상목(2023), “스마트 복지: WHY & HOW?”, 지속가능한 복지국가를 향한 스마트 복지의 길, 국제스마트복지센터 주관 세미나, 2023. 07. 11, 국회의원회관.

주동주 외(2012), 『한국형 ODA모델 수립』, 산업연구원.

황원규(2023), “한국의 ODA 전략과 국제사회복지”, 국제개발협력과 스마트복지전략, 국제스마트복지센터 주관 세미나, 2023. 09. 19, 국회의원회관.

Bauer, Peter T.(1975), “N. H. Stern on Substance and Method in Development Economics,” *Journal of Development Economics*, 2: 387-405.

Kaletsky, Anatole(2011), *Capitalism 4.0: The Birth of a New Economy in the Aftermath of Crisis*, PublicAffairs; Reprint edition (June 28, 2011)

Kochhar, Rakesh(2021), “The Pandemic Stalls Growth in the Global Middle Class, Pushes Poverty Up Sharply”, Pew Research Center. (https://www.pewresearch.org/global/2021/03/18/)

Mitchell, Ian and Caitlin McKee(2018), “How Do You Measure Aid Quality and Who Ranks Highest?”, Blog Post (2018.03.15.), Center for Global Development. (https://www.cgdev.org/blog/)

ODA Korea, 국무총리실 국제개발협력위원회, https://www.odakorea.go.kr.

OECD, “DAC Year by Year”, https://www.oecd.org/dac/1896808.pdf#page=10.

OECD, “Detailed Aid Statistics”, https://www.oecd-ilibrary.org/development/data/detailed-aid-statistics.

United Nations(2023), *The Sustainable Development Goals Report 2023: Special Edition*.

UN Development Cooperation Forum(2023), "Prioritizing the lives and livelihoods of the most vulnerable through risk-informed development cooperation".

UNPAN(United Nations Public Administration Network), E-Government Survey 2022, http://www.unpan.org/.

World Bank Group(2022), *Correcting Course*, Poverty and Shared Prosperity, file:///C:/Users/Owner/Downloads/9781464818936ov.pdf.

World Bank(2023), *International Debt Report*.

스마트복지
지속 가능한 복지국가의 길

초판인쇄 2025년 01월 10일
초판발행 2025년 01월 10일

지은이 서상목, 김수완, 박영란, 황원규
펴낸이 채종준
펴낸곳 한국학술정보(주)
주　소 경기도 파주시 회동길 230(문발동)
전　화 031-908-3181(대표)
팩　스 031-908-3189
홈페이지 http://ebook.kstudy.com
E-mail 출판사업부 publish@kstudy.com
등　록 제일산-115호(2000. 6. 19)

ISBN 979-11-7318-147-4 93330

이담북스는 한국학술정보(주)의 학술/학습도서 출판 브랜드입니다.
이 시대 꼭 필요한 것만 담아 독자와 함께 공유한다는 의미를 나타냈습니다.
다양한 분야 전문가의 지식과 경험을 고스란히 전해 배움의 즐거움을 선물하는 책을 만들고자 합니다.